LES
CARLISTES DÉVOILÉS

OU

HISTOIRE

DE LA DERNIÈRE GUERRE CIVILE EN ESPAGNE

LES
CARLISTES DÉVOILÉS

OU

HISTOIRE

DE LA

DERNIÈRE GUERRE CIVILE EN ESPAGNE

AVEC

CARTE DES OPÉRATIONS MILITAIRES ET PLANS TOPOGRAPHIQUES

PAR

F. DE VALGÈRAS

Ex-officier supérieur carliste

Décoré de la médaille de Cuenca et grand-croix d'ordre
qu'on n'avait pas le droit de donner

DIJON

IMPRIMERIE ET LITHOGRAPHIE F. CARRÉ

Rue Amiral-Roussin, 40

1876

A MA MÈRE

—

Dans mes heures de lutte et de déceptions, ton souvenir m'a soutenu; dans mes moments de suprême danger, alors que tout semblait m'abandonner, tu as été la seule espérance qui me soit restée; aussi ton affection rappelle en moi d'ineffables consolations, bien douces au cœur de ton fils.

DE VALGÈRAS.

NOTE DE LA DIRECTION

Les *Carlistes dévoilés,* ouvrage historique plein de détails inédits, fait connaître le mobile secret de la dernière guerre en Espagne, donne l'organisation des forces du Prétendant, solde, impositions et contributions, portraits politiques et militaires des principaux chefs, explique pourquoi les carlistes ont pu résister si longtemps contre les forces d'un gouvernement régulier, révèle la cause qui a amené les tristes résultats de la fin de cette lutte, et se termine par un aperçu des usages, coutumes, lois, administration et priviléges, *Fueros,* des provinces basques, nœud gordien de la tranquillité du gouvernement d'Alphonse XII d'Espagne.

Cette brochure tend à prémunir les nations contre les excès des guerres civiles, qui ne servent généralement qu'à l'intérêt d'une famille, ainsi qu'à l'ambition de quelques audacieux, sans avantage pour les masses.

Respectant la religion dans son principe évangélique, et d'après les maximes de la véritable

Eglise, écrite dans un sens complétement en rapport avec l'opinion politique de la majorité de la
nation française, ne touchant en rien aux lois et
institutions en vigueur dans ce gouvernement,
ayant pour chef le très honorable maréchal-prési-
dent de la République, l'histoire des *Carlistes
dévoilés* trouvera bon accueil de la part des gens
de bien, amis de la vérité, de l'ordre, et respectant les institutions constituées par une Chambre
régulièrement nommée par le suffrage universel.

Quant aux quelques fanatiques ou ennemis du
bien-être du peuple qui pourront blâmer la fran-
chise avec laquelle l'auteur des *Carlistes dévoilés*
fait connaître au public ce que celui-ci peut ignorer, ils devront cependant savoir gré à M. de
Valgèras de la discrétion avec laquelle cet ex-
officier supérieur carliste traite de ses relations
avec la plupart des comités, fonctionnaires, con-
grégations, ordres religieux et hauts personnages
avec lesquels il a été mis en rapport dans les
missions qui lui ont été confiées :

A MES LECTEURS

C'était le 24 février 1875, 63 jours après mon arrestation comme prisonnier de guerre, j'avais été conduit de Vinaroz à Valence, et de cette dernière ville au fort de Santa-Barbara d'Alicante.

Renfermé dans une espèce de souterrain infect, en compagnie de 147 soldats, caporaux, sergents et officiers carlistes, je me décidai d'abord, pour tuer les longues journées que nous passions sans aucune distraction, puis par l'intérêt que je trouvais à cette occupation, à écrire les souvenirs des 15 mois que je venais de passer dans les rangs de l'armée de don Carlos, et c'est ainsi que j'arrivai à former ce qu'on peut appeler le livre que je viens offrir au public.

Je n'étais pas appelé à écrire une œuvre de littérature, et n'ai jamais eu la prétention de me croire un historien ; mais, par suite de mon caractère militaire, aimant les voyages, désireux de

l'inconnu, des influences de famille et de puis-
santes sollicitations m'ayant conduit en Espagne
comme volontaire du Prétendant, je crois être
utile et agréable à la société en lui soumettant,
sous forme de brochure, ce que j'ai vu, entendu,
connu et appris pendant le temps que j'ai servi
dans l'armée carliste.

Mon œuvre entre les mains de mes lecteurs, je
rentrerai dans l'ombre d'où je serai sorti un
instant, et ne répondrai à aucune critique, à
aucune réfutation ni provocation, de quelque
nature qu'elles soient, parce que celui qui,
après avoir servi honorablement, au péril de sa
vie, une cause qu'il avait crue honorable et légitime, se décide à faire part au public des faits
historiques qu'il a recueillis sur les lieux mêmes
des opérations militaires où se sont passés les
événements qu'il raconte avec impartialité, celui-
là, dis-je, ne peut avoir ni à discuter avec la
plume, ni à rendre compte, l'épée à la main, de
ce qu'il peut dire de blessant pour les quelques
personnages de triste mémoire dont il vient
raconter les turpitudes, et dont la conduite ne
mérite que la réprobation des gens honnêtes.

Je suis heureux d'avoir l'occasion de remercier
publiquement M. le général Jovellar de la bienveillance avec laquelle il m'a traité quand la
division qu'il commandait me fit prisonnier de

guerre à San-Mateo ; je ne terminerai pas ces pages sans envoyer un témoignage de ma vive gratitude au digne et si obligeant lieutenant-colonel d'état-major don Carlos Espinosa de los Monteros, cœur généreux et bienveillant, officier des plus braves et des plus distingués, colonel d'état-major à 30 ans, créé pour prodiguer le bien et soulager l'infortune, voilà l'officier que la Providence, cette bonne mère des malheureux, voulut bien envoyer à l'auteur de cet écrit au moment où il fut fait prisonnier par l'escadron du si digne commandant de cavalerie don Miguel Minglano ; et je donnerai enfin un bonjour affectueux au capitaine des zouaves, baron de Lazarini, premier gentilhomme de la maison de Son Altesse don Alphonse.

PRÉFACE

L'œuvre de désolation qui ruinait l'Espagne, sous la forme de guerre civile, va enfin cesser, je le crois ainsi, grâce à la conduite du vétéran de l'ancienne guerre carliste, par suite de l'énergique résolution de l'honorable Ramon Cabrera ; l'exemple de ce vaillant chef sera suivi par ses anciens compagnons d'armes, ainsi que par tous les chefs actuels du parti de don Carlos, pensant bien, étant restés honorables et aimant sérieusement leur patrie, devant l'intérêt général de la nation espagnole, devant la folie qu'il y aurait pour eux, ainsi que par suite de la grande responsabilité qui leur incomberait s'ils pouvaient être assez fous pour continuer leur résistance, leur révolte contre un gouvernement régulièrement constitué.

Cabrera, la personnification du parti des Bourbons d'Espagne, d'Este et d'Autriche, ne peut

être devenu ce qu'il n'était pas hier ; son honorabilité, son passé, ses sacrifices, les blessures qui
couvrent son corps, sa position de fortune, sont
des garanties qui le mettent au-dessus de tout
soupçon ; ce qu'il a fait, en reconnaissant le gouvernement de S. M. le roi don Alphonse XII
d'Espagne, a été dicté par sa conscience ; Cabrera,
dans cette circonstance, a été au-dessus de tous
les mortels par son abnégation qui l'a porté à
pardonner aux assassins de sa mère, qui fut
fusillée sous le règne d'Isabelle II, la mère d'Alphonse XII, pour avoir commis le crime d'être la
mère du grand général carliste.

Ne vous laissez pas davantage induire en erreur,
officiers et soldats qui composez l'armée carliste,
vous n'arriverez qu'à prolonger une lutte fratricide
et sanguinaire, sans aucun résultat favorable, ni
pour votre parti, ni pour vous, actuellement ni en
l'avenir ; méprisez les chefs qui pourront vous
conseiller la résistance, par ambition personnelle,
car ces coquins en haut lieu arriveront toujours à
l'étranger munis de quoi vivre confortablement,
alors que vous et vos familles resterez responsa-
bles du mal qu'on vous aura fait commettre, sans
qu'aucune gloire vienne vous dédommager de vos
sacrifices, sans qu'aucune compensation soit
donnée à votre inutile dévouement.

Vous êtes déliés de tous vos engagements

à l'égard de Charles VII, alors que le père de
ce dernier vit tranquillement loin des dangers
et des privations que vous supportez; alors
que le frère du prétendant, Son Altesse don
Alphonse, reste paisiblement à Gratz (Autriche),
se laissant insulter par les étudiants de l'université de cette ville, en ayant la triste satisfaction
de voir ses antagonistes condamnés à trois jours
d'emprisonnement; au moment enfin où les cou-
sins du roi sans royaume (Leurs Altesses don
Francisco et don Alberto), ex-colonels carlistes,
viennent d'accepter un emploi de même grade
dans l'armée active du gouvernement espagnol;
alors surtout qu'un général comme Valles a fait sa
soumission, précédée de celle de Léon Saint-
German, ex-chef d'état-major de Santes, sans
compter bon nombre d'autres officiers et chefs
carlistes ayant eu votre confiance et possédé toute
votre estime; déposez donc les armes, cessez
d'apporter votre concours à une guerre civile sans
résultat possible pour le bonheur de la Péninsule
Ibérique, et attendez patiemment des temps meil-
leurs pour la régénération de l'Espagne. Pourquoi feriez-vous autrement que les plus proches
parents de votre roi? Pourquoi continueriez-vous
vos sacrifices en exposant votre vie pour une
cause que les plus intimes amis du Prétendant
désertent? Il vous serait bien difficile de répondre

par des considérations raisonnablement pensées et délibérées sans fanatisme !

Sachez-le bien, volontaires, officiers et partisans du carlisme, la guerre civile d'aujourd'hui est réellement et sincèrement, dans le fond, le dernier effort, en Espagne, de l'ultramontanisme, du despotisme religieux qui doit s'étendre dans les autres puissances, avec le mot d'ordre : Rome au-dessus de tout, et la royauté sans la nation ; c'est, en un mot, une guerre de basses intrigues contre les progrès de la civilisation, contre les libertés et l'indépendance des peuples, le retour aux vieilles idées monarchiques, un chemin qui doit aboutir à l'oubli de la grande page historique, qui a permis aux enfants du peuple d'arriver à toutes les charges de l'Etat ; qui a fait grande la France, à laquelle l'Amérique doit ses forces les plus vivaces ; qui a amené l'unité italienne et qui rend si heureuses la Belgique, malgré son fantôme de royauté, ainsi que sa sœur la libre Helvétie.

LES
CARLISTES DÉVOILÉS

Dernière guerre civile en Espagne

‹›∾‹›

CHAPITRE PREMIER

—

Étrangers

Etrangers profondément légitimistes, vous qui avez, par vos ancêtres et par vous-mêmes, toujours prodigué votre sang pour la cause des Bourbons et la défense de votre religion ; vous qui avez cru, en venant en Espagne, entrer dans une armée défendant une cause juste ; et pensant trouver dans les rangs carlistes les jeunes gens des premières familles de la Péninsule Ibérique, faire une guerre sympathique à la majorité du peuple espagnol ; vous avez quitté vos foyers, bien décidés à faire le sacrifice de votre vie, à l'imitation des populations vendéennes de France, en 1798.

Toutefois vos déceptions seront bien grandes, car vous n'aurez rien à constituer ni à rétablir, le règne de don Carlos étant un rêve chimérique, sa popularité se bornant à quelques étroites contrées, et formant une minorité populaire que ni la noblesse, ni l'armée, ni moins encore la classe des commerçants, seront jamais décidées à appuyer.

Vous n'aurez rien à espérer comme avenir, car les grades et décorations qu'on pourra accorder à votre mérite, ainsi qu'à votre bravoure, ne seront pas reconnus par les puissances étrangères, les bandes du Bourbon d'Espagne, d'Este et d'Autriche, n'étant pas reconnues comme belligérantes !

La perte d'un membre, par suite de blessures reçues dans un combat, ne sera pas indemnisée ; les rares secours qu'accordent les carlistes cessent d'exister le jour où vous ne pouvez plus continuer vos services; c'est à peine si alors on vous accordera un passe-port pour retourner dans vos foyers, avec la triste perspective d'être fait prisonniers de guerre le long de la route que vous aurez à suivre pour gagner une frontière.

Infirmes, blessés ou malades, vous recevrez des soins donnés par les charlatans ou barbiers (1) (médecins attitrés des carlistes), tels que Montezino, de Valence, et Salvador, de Tuejar.

Les prétendus hôpitaux carlistes sont (dans le royaume de Valence) des espèces de granges, où, couchés sur une maigre paillasse, vous êtes soignés

(1) En Espagne, les barbiers sont infirmiers, les médecins ne pratiquant pas de saignées et n'appliquant pas de ventouses.

par de prétendues sœurs de charité, pillant et gaspil-
lant les fonds qui leur sont confiés pour acheter mé-
dicaments et nourriture.

Si vous êtes assez fous, n'ayant pas encore perdu
vos illusions, pour retourner à votre corps d'armée,
étant rendus à la liberté comme prisonniers de guerre,
c'est à peine si vos anciens chefs se rappelleront de
vous et daigneront consentir à tenir compte de vos
souffrances et de votre fidélité à rentrer dans les
rangs carlistes.

Pendant que vous serez prisonniers de guerre, le
parti carliste ne tiendra aucun compte de vous, et
vous ne recevrez ni secours, ni le moindre souvenir
de vos chefs, malgré votre triste situation et vos
loyaux et anciens services, si ce n'est les quarante
centimes par jour que le gouvernement légal espagnol accorde, sans distinction de grade, à tout prisonnier carliste (la couverture et la paille non com-
prises).

Du reste, les chefs carlistes se sont honteusement
conduits à l'armée du Centre, à l'égard des prisonniers de guerre, volontaires et officiers!

L'auteur, qui écrit ces lignes, peut affirmer que,
malgré les loyaux et bons services (dont il possède
les attestations dûment légalisées) qu'il a pu rendre
à la cause du prétendant, il a été, les deux premiers mois de sa captivité, contraint de coucher sur
le sol nu de sa prison. Beaucoup d'infortunés prisonniers de guerre ont passé de bien longs mois sans
avoir une chemise à mettre pour remplacer celle

qu'ils avaient et qui tombait en lambeaux, et cela malgré la charitable initiative du capitaine de cavalerie Sarandola (de Murcia), après la mise en liberté de ce digne carliste, avril 1875.

Enfin et surtout, sans tenir compte du temps qu'on avait passé en prison, les chefs carlistes ont fait échanger des prisonniers qui avaient un mois de captivité, et qui n'avaient été et ne pouvaient être que des combattants inutiles, des Reos (anciens bandits) faits prisonniers de guerre, je ne sais pourquoi, pour délaisser par contre de braves, loyaux et bons volontaires et officiers, et cela parce que, dans les rangs de l'armée carliste, il n'y a jamais eu ni ordre, ni discipline, ni amour du prochain, et que l'intrigue basse, vile et se traînant dans la boue, a été le seul mobile de tous!!!

CHAPITRE II

—

Déserteurs

Déserteurs de l'armée légale d'Espagne, vous ne devez pas ignorer que toutes les nations civilisées regardent comme un lâche et un homme sans honneur, celui qui déserte son drapeau et surtout celui qui passe à l'ennemi.

Déserteurs, vous serez, au premier moment, très bien accueillis par les chefs des bandes carlistes, alors surtout que vous arriverez avec de l'argent, des armes, un cheval ou des munitions, toutes choses dont on a besoin; votre instruction militaire sera immédiatement mise à contribution, bientôt vous serez remarqués et distingués parmi les officiers incapables et ne sachant même pas lire, qui peuplent les forces carlistes; mais les déceptions arriveront, car l'envie et la jalousie s'empareront de vos prétendus compagnons de régiment, à mesure que de nouveaux galons orneront vos dolmans, alors surtout que vous pourrez arriver à être plus braves qu'eux le jour du combat; les chefs mêmes craindront votre supériorité et chercheront à se débarrasser de vous, alors que vous aurez prodigué votre sang sur les champs de bataille ; alors que vous aurez supporté les privations de toutes sortes ; bien heureux encore si l'on ne vous envoie pas *Al Deposito*, jolie invention de M. Lizarraga, créée pour se débarrasser des officiers capables, ou n'allant pas régulièrement à la messe et au rosaire.

Personne, comme les officiers carlistes, ne peut arriver à inventer des moyens de perdre un camarade ; on vous fera passer pour vouloir supplanter don Carlos, l'on vous fera commettre toutes sortes de fautes et d'abus dans votre commandement, comme le fit Lizarraga à l'égard de don Alphonse, frère de don Carlos, dont il était chef d'état-major ; et cela, pour arriver à prendre votre place, à vous forcer à quitter l'Espagne ; on vous accusera d'être franc maçon, sans aucune preuve, comme on le fit à l'égard du commandant Boria ; on dira que vous avez fait partie de la Commune de Paris, accusation qui fut portée contre l'infortuné capitaine Martinetti Andrea, vicomte d'Albano ; on prétendra enfin que vous aurez passé la nuit à jouer, ou l'on se servira de toute autre accusation aussi absurde, comme cela arriva au brave capitaine de Campo, et alors vous serez arrêtés, on s'emparera de vos armes, de votre cheval, et pour bien longtemps vous serez privés de votre liberté, bien que votre fiscal (juge d'instruction) déclarera qu'il n'y a pas lieu à maintenir votre arrestation ; enfin, si vous arrivez, après sept à huit mois de captivité préventive, à recouvrer la liberté, vous vous verrez forcés à passer dans une autre division, car on ne

trouvera plus d'emploi à vous donner, la première .
chose qu'on aura faite, au moment de votre arrestation,
ayant été de donner votre place à un solliciteur, fils,
parent ou ami de quelque paysan, passé chef, par
suite de certaine influence locale, ou n'ayant d'autre
capacité militaire que d'avoir fait l'ancienne guerre
civile carliste, en 1833.

Le *Deposito* est un triste village (Rosell), dans le
Maestrazgo, où l'on envoie les officiers, sans armes.
On a d'abord donné deux pesetas (2 francs) par jour
aux officiers envoyés au dépôt, mais on a cru ensuite
devoir revenir sur cette décision, et aujourd'hui, décembre 1874, les malheureux infortunés du dépôt
touchent très rarement leur ration de pain, vin et
viande.

CHAPITRE III

Coquins

Vous qui croyez, à l'abri de la Boyna, pouvoir aller continuer vos coupables déprédations en vous affiliant aux bandes carlistes, vous trouverez là peu d'occasions de remplir vos poches, les chefs seuls ayant le droit de faire ce qu'ils appellent des réquisitions légales, de s'enrichir par suite, et de passer à l'étranger, alors que volontaires et officiers ne trouvent, la plupart du temps, même pas de quoi manger.

Enfin et surtout, l'on n'est pas coquin pour travailler, se fatiguer en faisant des marches de quinze heures par jour, et pour supporter des privations de toutes sortes.

Gens de corde et de sac, vous ne trouverez, chez messieurs les carlistes, ni lit moëlleux, ni vins fins, ni mets succulents, ni rien de la vie confortable et raffinée que vous pourrez vous procurer dans les capitales du monde civilisé, après avoir commis vos méfaits.

Je terminerai ce chapitre en prévenant les étrangers, les déserteurs et les coquins que, lors même que l'on arrive dans les rangs carlistes avec des armes, un cheval ou tout autre article utile à la guerre, étant votre propriété particulière, on parviendra un jour à s'emparer de ces objets en prétendant qu'ils sont la propriété du roi Charles VII (q. D. g.), et qu'on a le droit de s'en saisir pour le service de ce dernier, sans que pour cela vous ayez droit à une indemnité quelconque.

CHAPITRE IV

—

Forces Carlistes

L'armée du Centre carliste se compose des divisions de Valence, Castille-la-Neuve, Maestrazgo et d'Aragon, subdivisées en brigades.

La division de Valence, dont le quartier général est à Chelva, est commandée par le colonel Monet (Manuel); cette division est formée de deux brigades d'infanterie : brigade de Chelva, 1er et 2e bataillons de Valence, 1,100 hommes, anciens guides et chasseurs; brigade de Segorbé, 3e et 4e bataillons de Valence, 800 hommes, anciens bataillons Sierra-Morena et Correadors; un régiment de cavalerie del Cid, 250 chevaux, et 40 chevaux d'escorte du chef de la division; plus trois compagnies d'infanterie, 200 hommes, garnison du fort del Collado, et deux pièces d'artillerie de siége placées dans ce fort; et enfin 100 musiciens.

Chelva a un gouverneur militaire avec une escorte de 120 hommes d'infanterie, un commandant d'armes avec une escorte de 30 individus; il y a en plus, dans cette petite ville, les bureaux de l'administration, commandés par le colonel don Joaquin Codina, la députation carliste, présidée par M. le baron de Ribesalba, le conseil provincial, ayant pour président l'avocat don

Emilio Fajoaga, un conseil de guerre permanent, que préside le colonel Molina. Ce centre carliste a aussi plusieurs commandants d'armes (1) qui rayonnent autour de lui avec 250 hommes d'infanterie, gardes du corps et vedettes des commandants d'armes. Chelva a aussi ce que l'on veut bien appeler pompeusement un hôpital de sang, devant lequel se déploie une espèce de chiffon, jadis blanc, ayant au milieu une croix rouge, ce qui protége très peu cet édifice des insultes des troupes du gouvernement espagnol, quand ces dernières viennent à passer par Chelva, ville ouverte et sans aucune défense.

Division de Castille-la-Neuve, province de Cuenca et Guadalaja. Cette division, sans quartier général fixe, est commandée par le brigadier don Angel Villalalain, et sa force se compose de trois bataillons d'infanterie forts de 700 volontaires chacun, et de 180 chevaux.

Le brigadier Alvarez commande la division du Maestrazgo, composée des brigades de San-Mateo, Maestrazgo et de Gandesa.

La brigade de San-Mateo est commandée par le colonel Pancheta et compte trois bataillons d'infanterie, forts chacun de 600 hommes, 140 chevaux, 30 cavaliers, ces derniers escorte du chef de division, et 60 musiciens.

La brigade de Gandesa est commandée par le

_____

(1) Espèce d'officiers de place, avec attributions d'intendance, de recrutement et surtout de courrier ou confidences des mouvements de l'ennemi.

brigadier Valles, et se compose des deux bataillons dénommés 1er et 2e de Guias, forts de 1,400 hommes les deux, ayant une excellente organisation; cette brigade compte en plus 120 chevaux et 60 musiciens d'infanterie.

La brigade du Maestrazgo, commandée par le terrible Pascual Cucala, se compose de trois bataillons d'infanterie ayant pour chefs les deux fils et le frère du sanguinaire proconsul d'Alcala; la force de ces bataillons est de près de 3,000 hommes, avec deux escadrons de cavalerie de 150 chevaux, ainsi qu'une bonne musique de 80 musiciens d'infanterie.

Environ six à sept compagnies volantes d'infanterie et 80 chevaux ou francs-tireurs servent d'éclaireurs à ces différentes forces formant un total de :

11,000 hommes d'infanterie et 600 chevaux, sans compter la division d'Aragon, forte d'environ 5,000 hommes, commandés par le très honnête très dévoué et si digne brigadier Gamundi.

L'exercice royal de l'armée carliste du Centre se divisait aussi en cinq gouvernements qui se nommaient: Gandesa, San-Mateo, Castillon, Segorbe et Chelva.

Le gouvernement de Gandesa comprenait aussi celui de Morella, et renfermait les commandances d'armes d'Asco, Arnes, Batea, Chesta, Casera, Flix, Miravet et Santa-Barbara; celui de San-Mateo comprenait Uldicona, Albocacer, et Vinaroz avec les commandances d'armes de Albocacer, Alcala, Chivert, Benasals, Cervera, Maestre, Cuevas, Chert, la Cenia, Todolella et Alocau; celui de Chelva com-

prenait Ademuz et Moya, avec les commandances
d'armes de Ademuz, Santa-Crux, Tueja, Alpuente,
Domenio, Andilla, Yesa, Loza, Moya, Sot-de-Chelva et
Sinarcas; celui de Castillon, résidant à Lucena, avec
les commandances de Artana, Alcora, Adzeneta,
Borriol, Jansara, Lucina, Oropesa, Onda et Zucaina;
celui de Segorbe, les commandances de Beojio, Zeri-
ca, Eslida et Montan.

Dans l'armée du Centre, il y avait un service de
courriers régulièrement établi, desservi par des con-
fidents, pour lequel on avait formé une carte où se
trouvaient indiquées les routes que devaient suivre les
conducteurs des correspondances; cette carte comprenait un grand nombre de villages enclavés dans
la ligne que marque l'Ebre, du nord de l'Espagne à la
Méditerranée; au sud Turia et à l'ouest Giloca, en
Aragon; par le nord le premier pays était Flix; par
l'est, la plus grande partie du côté de Borriol; pour le
sud, de Valence à Liria et au Villar; par l'ouest, Alia-
ga et Santa-Cruz-de-Moya.

Et dire qu'il a fallu près de trois ans à un gouvernement constitué, ayant à sa disposition arsenaux,
fabrications de munitions et d'armes, impositions et
levées d'hommes des neuf dixièmes de l'Espagne;
possédant en outre des officiers expérimentés et sor-
tant des écoles et une force de 60,000 hommes,
septembre 1875, pour lutter et vaincre les carlistes
du centre et de la Catalogne, ne comptant que
23,000 hommes.

CHAPITRE V

—

Cavalerie

L'arme de cavalerie nécessite des études spéciales théoriques et surtout pratiques, alors que le terrain sur lequel on est appelé à faire la guerre est essentiellement montagneux, peu propice à de grands déploiements de forces et de formations en lignes; dans ce cas, la cavalerie ne peut ni ne doit rendre d'autres services que celui d'avant et d'arrière-garde, d'éclaireurs, de flanqueurs, d'estafettes, à moins d'être appelée à fournir une charge, au moment du passage d'une rivière par l'infanterie, ou à poursuivre l'ennemi mis en fuite.

Dans une guerre, comme la font les carlistes, dans un terrain très accidenté, et en dehors de grandes routes, il aurait fallu se contenter de former des colonnes d'infanterie de 3 à 4,000 hommes au plus, divisées en brigades, celles-ci composées de deux bataillons de 1,000 hommes chacun, commandés par un colonel et un deuxième commandant; chaque division ayant un escadron de cavalerie et possédant 4 pièces de 8 de montagne.

Dans l'organisation dont je parle, il aurait été

nécessaire qu'une compagnie d'infanterie, forte de
200 hommes, excellents tireurs et habitués à l'école de
tirailleurs, fût spécialement chargée de protéger l'artillerie, et il en aurait dû être de même de l'escadron de cavalerie, composé d'hommes armés de cara-
bines rayées nouveau modèle et du sabre, dit prus-
sien, fabriqué à Tolède, pour prêter aussi son appui à
l'artillerie, alors surtout que celle-ci est chargée de
contenir, à courte distance, les attaques de l'ennemi;
car, dans le cas contraire, les pièces resteront bientôt
sans artilleurs, peu de temps après l'établissement en
batterie.

Il ne faut pas se dissimuler qu'actuellement l'artillerie est la base des armées et de leur tactique; à elle
peuvent être subordonnées toutes les opérations
d'une campagne. L'artillerie de montagne est la seule
utile pour répondre avec plus d'avantages et plus de
facilité dans des pays montagneux; son transport à dos
de mulets lui permet de passer les chemins les plus
abrupts; tout son matériel démonté peut être trans-
porté par des hommes sur les terrains les plus à pic;
ses effets contre bosquets, hauteurs, retranchements,
maisons de campagne, ponts, troupe compromise
dans un défilé, contre une colonne d'attaque, carré,
position, etc., sont reconnus par l'expérience; mais
en combat de ligne, en retraite pressée, contre une
ligne de tirailleurs, les résultats en sont presque nuls.

A la division de Chelva, l'opinion du lieutenant-
colonel Chopenas, ex-maréchal ferrant d'Onteniente,
prévalut malheureusement, et l'on commit la faute de

former un régiment de cavalerie de quatre escadrons,
régiment qui, marchant en combinaison avec toute
l'infanterie, produisit de grands embarras, force dé-
penses, et ne servit à rien ou à pas grand'chose.

Au lieu d'organiser, d'armer, d'habiller et d'instruire complétement les escadrons du régiment de
Valencia l'un après l'autre, comme l'exigeaient la nécessité, le sens pratique et l'expérience, on eut toujours
des escadrons mal armés et sans uniformité, en vou-
lant tout créer en même temps, et cela parce que
le chef de ce régiment était un homme faible, sentant
le besoin, par suite de son incapacité, de ménager l'or-
gueil des capitaines d'escadron qui n'auraient pas
été les premiers complétement formés. La pierre an-
gulaire, fondamentale, de la cavalerie était un homme
sans aucune connaissance de l'arme dont on avait
fait la folie de le nommer chef. Le lieutenant-colonel
Chopenas, commandant le régiment de cavalerie de
Valencia, de la division carliste de Chelva, aurait
pu être appelé à faire un bon vétérinaire, mais non
un officier supérieur, pas même un capitaine, n'ayant
réellement d'autre mérite que d'avoir servi comme
maréchal, avec rang de sous-lieutenant, dans une des
dernières insurrections carlistes.

Dès que le régiment, ayant pour chef suprême ledit Chopenas, recevait un officier de mérite et coura-
geux, comme les deux chefs d'escadron Viallon et
Boria (passés du gouvernement comme officiers), on
se hâtait d'inventer les accusations les plus mensongères pour se débarrasser de cet officier, dont la dis-

cipline ne pouvait cadrer avec les idées de révolte existant dans les rangs de MM. les carlistes.

L'officier de cavalerie réellement militaire, servant pour faire la guerre et se rendre utile, n'avait d'autre ressource, le jour d'un combat, que d'obtenir l'autorisation de mettre pied à terre et de marcher courageusement à la rencontre de l'ennemi, ou à l'assaut d'une cité, à la tête d'une compagnie d'infanterie; alors surtout qu'il y avait dans chaque escadron de cavalerie 3 à 4 capitaines, 5 à 6 lieutenants et au moins autant de sous-lieutenants.

Les officiers capables manquaient tellement dans la cavalerie, que le général Dorregaray se vit contraint de traiter de puissance à puissance pour obtenir le retour à Chelva des officiers de cavalerie Estivan, Molina, des frères Acuna, Pons et Cadena, alors cependant que ceux-ci étaient passés à Valence, en mars 1875, venant de déserter de leur régiment et s'étant présentés pour l'indulto (pardon) au brigadier du gouvernement espagnol qui commandait dans la ville de Requena, et cela, parce que l'absence de ces officiers était une vraie désorganisation du régiment de cavalerie carliste de la division de Chelva.

A l'appui de l'opinion émise au commencement de ce chapitre, quant au service que doit rendre la cavalerie dans certaines occasions, je citerai l'admirable organisation des chasseurs d'Afrique dans l'Algérie française, et les immenses services rendus par les hulans dans la guerre de 1870-1871.

CHAPITRE VI

—

Solde

En 1873, la solde, dans l'armée du Centre carliste, était de 2 pesetas (2 francs 10) par jour, sans distinction de grade, et sans autre ration que le pain; un peu plus tard, on accorda deux rations de pain, viande, et vin, aux officiers de tout grade, et une ration à la troupe, avec un semblant de solde de 2 francs 50 par jour pour les officiers, lieutenants et sous-lieutenants, trois francs pour les autres grades, et 1 franc 50 à chaque soldat, avec une ration pour ces derniers.

A partir du mois de septembre 1874, il fut alloué :

Alferez (sous-lieutenants), 160 réaux (1) ou 40 francs par mois et deux rations de pain, vin et viande;

Lieutenants, 200 réaux et deux rations;

Capitaines, 300 réaux et deux rations;

Commandants, 400 réaux et deux rations;

Lieutenants-colonels, 500 réaux et deux rations;

Colonels, 600 réaux et deux rations;

Brigadiers, 700 réaux et deux rations;

Maréchal de camp, 800 réaux et deux rations;

(1) Un réal vaut 25 centimes de franc.

Lieutenant-général, 900 réaux et deux rations.

Les soldats touchaient deux réaux par jour et une ration.

Mais la réalité est une fiction chez les carlistes; aussi l'on ne devait s'attendre à toucher en moyenne que sept mois de solde par an et environ douze rations complètes de vivres par mois.

CHAPITRE VII

Contributions

Parmi les mille combinaisons employées par les chefs des forces carlistes pour se procurer des ressources pécuniaires, je crois devoir citer deux des plus honorables qui aient été pratiquées.

Dans les premiers jours de janvier 1875, on eut besoin, dans la division de Chelva, de 35,000 douros, soit 185,000 francs (1). Lizarraga, qui commandait, donna l'ordre au colonel d'administration Codina de faire saisir les troupeaux des libéraux des communes d'Utiel et de Requena, villes à 40 kilomètres de Chelva; une expédition nocturne à marche rapide eut lieu, et l'on arriva à capturer, paissant tranquillement dans les champs, hors de la protection des troupes en garnison à Requena, 28,000 moutons et chèvres; ces bestiaux arrivés à Chelva, on demande 100,000 francs aux propriétaires de ces troupeaux pour rentrer en possession des animaux qu'on leur avait enlevés par la force. Ces braves gens n'ayant pas consenti à payer la somme exigée, le colonel Codina fit une distribution des moutons et chèvres

(2) Le douro vaut 5 francs 30 centimes.

saisis à plusieurs communes des environs de Chelva, en estimant chaque livraison à un prix débattu et convenu entre les divers maires des villages à qui on semblait accorder cette faveur, avec la condition expresse de payer dans les trois jours qui suivraient la prise de possession, ce qui donna immédiatement une somme de 50,000 francs au chef carliste. Puis, cette somme encaissée, M. Lizarraga fit reprendre aux communes qui avaient reçu les lots de bestiaux les mêmes moutons et chèvres, comme contribution de rations à fournir aux troupes carlistes, et cela sans aucune compensation, ce qui amena le résultat suivant : avoir vendu une marchandise au comptant pour s'en emparer ensuite gratuitement comme une légale contribution de guerre. L'on dira ensuite que MM. les généraux carlistes n'étaient pas gens d'expédients intelligents; on aurait bien dû envoyer l'un d'eux rétablir les finances de l'Egypte.

Dans le même mois de janvier 1875, on arrêtait, dans les environs de Domenio, à 9 kilomètres de Chelva, un grand convoi de bois de construction que des propriétaires faisaient conduire à Valence; Lizarraga fit demander à ces derniers une contribution de 9 0/0, ce qui donna à cet officier supérieur une somme de 18,000 francs, sans que pour cela il fût tenu compte à ces malheureux propriétaires des bois des contributions exorbitantes qu'ils étaient obligés de payer dans leur commune respective.

Les chefs carlistes prétendent bien être moins exigeants en matière de contributions que le gouvernement espagnol, alors que les recaudadores (1) carlistes ne prennent que 13 0/0 sur le revenu, tandis que les percepteurs de l'Etat demandent 25 0/0 ainsi répartis : 18 0/0 pour le Trésor; 2 0/0 impôt de guerre; 1 0/0 pour frais de recouvrement, et 4 0/0 pour charges municipales, sans tenir compte de l'impôt du sel, tabac, papier timbré, douanes et octrois.

Il est bon de savoir que s'il est vrai, en principe, que l'Etat prélève davantage en contribution que ne le font les carlistes, il faut reconnaître au fond que les 13 0/0 payés à ces derniers atteignent le chiffre de plus de 40 0/0, alors que toutes les communes où les fonctionnaires de don Carlos peuvent recouvrer des contributions ont été contraintes d'avancer trois ou quatre ans d'impositions, sans savoir quand ces avances seront remboursées, les besoins carlistes étant continuels, dans un cercle assez restreint.

Il fallait 110,000 francs par jour pour l'entretien des divisions carlistes de Valence, Maestrazgo et Aragon, environ 17,000 hommes, et 12,000 francs rien que pour la division de Chelva, chose étonnante pour ceux qui ne savent pas la quantité de non-valeurs qui se trouvaient dans les rangs carlistes.

Le territoire dominé par les carlistes de l'armée du Centre ne pouvait donner que huit mois au plus d'impositions ordinaires. On en était arrivé à ne plus tenir compte des rations de vin, pain et viande qui étaient fournies par l'infortuné paysan, sans justice ni répar-

(1) Officiers de contributions, percepteurs d'impôt.

tition équitable, mais selon les besoins de la troupe qui passait ou qui était à proximité d'un village.

Il faut ajouter aux impositions levées, disait-on légalement par ordre du très illustrissime roi Charles VII, les amendes ou multas; contributions extraordinaires; l'enlèvement des bestiaux, mulets, mules et chevaux; le pillage des trains de marchandises, des banques et Trésors publics des pays où l'on entrait en conquérants. Dans un an, les villages d'Arras, Titaguas, Alpuente et Yesa, forts de 8,000 âmes les quatre, durent payer, non compris l'impôt territorial :

Arras. — 96,000 kilog. blé ou avoine; 2,400 kilog. huile; 600 kilog. lard.

Titaguas. — 168,000 kilog. blé ou avoine; 2,400 kilog. huile; 720 kilog. lard; 36,000 litres vin.

Alpuente. — 432,000 kilog. blé ou avoine; 7,600 kilog. huile; 7,600 kilog. lard; 24,000 litres vin.

Yesa. — 72,000 kilog. blé ou avoine; 1,200 kilog. huile; 1,200 kilog. lard; 1,200 litres vin.

Cependant, malgré les millions encaissés, la solde des troupes carlistes se faisait d'une manière excessivement irrégulière, quand elle se faisait; mais la bourse de certains chefs se remplissait, et quand ceux-ci ne pouvaient plus cacher leurs déprédations, ils partaient vivre confortablement loin de l'Espagne.

CHAPITRE VIII

—

Manuel Palaccios y Salvador

Commandant général de l'armée carliste du Centre
(royaume de Valence)

Petit homme au front chauve, au regard en des-
sous, caché sous de forts sourcils blancs, bigot, profondément hypocrite, homme sans courage (cubard),
et sans énergie, portant assez bien son uniforme au
grand complet de général, à la voix rauque et profonde qu'on dirait habituée au commandement, cachant
sous un abord dur et cassant son incapacité militaire,
allant tous les matins à la messe, mais ayant bien
moins d'exactitude pour aller au feu de l'ennemi,
pratiquant en cela les prétendues maximes de la religion de Rome, qui défend de se servir de l'épée
pour soustraire ses créatures des séminaires à la
nouvelle loi militaire d'Italie, bien que l'histoire
des papes démontre le contraire; homme nul, dont
le seul succès pendant la guerre dernière a été re-
cueilli à la Minglanilla, mars 1874, ayant été tenu
en arrêt pendant sept heures par deux compagnies du
gouvernement, alors que Palaccios tenait sous sa main
5,000 hommes d'infanterie et 400 chevaux; dont le

prétendant se débarrassa au nord, en l'envoyant loin de lui, et auquel l'infant don Alphonse eut le bon sens d'enlever son commandement pour en faire une espèce d'intendant général des percepteurs des contributions.

—

CHAPITRE IX

José Santes

Colonel, second commandant de l'armée carliste du Centre

Natif de Liria, province de Valence, appartenant à une famille de bons propriétaires, qui avait une certaine influence carliste à quelques kilomètres à la ronde du village où elle vit.

Santes fut capitaine sous le général Cabrera pendant la guerre de sept ans, puis commandant en 1848 (1), colonel en 1872 (2) et professeur de musique pendant son émigration; petit de taille, au regard doux et bienveillant, espèce de prophète, Santes se croyait inspiré de Dieu, en se laissant cependant diriger, dans ses opérations militaires, d'après les conseils de son aumônier Salvador Guttiez, et ceux de son secrétaire Carlos Gomez, deux nullités militaires ne pensant qu'à dominer et à mener joyeuse vie, grâce à la bourse du

(1) Pendant le peu de temps que dura l'insurrection carliste à cette époque.

(2) Don Carlos ayant accordé deux grades à tous les officiers carlistes émigrés; mesure qui créa des officiers supérieurs peu capables; car on peut être un excellent capitaine, un passable commandant, mais un très mauvais colonel, chef surtout d'une importante division, par suite du peu de temps passé du grade inférieur à celui de chef de corps d'armée.

trésor des troupes de Santes, où ces deux intrigants puisaient largement.

L'Europe ultramontaine s'est un instant occupée des prétendues victoires remportées par les forces que commandait le colonel Santes, alors cependant que les résultats obtenus par ce chef ont été des succès éphémères, sans résultats sérieux, car les plans de batailles conçus et exécutés par l'ex-professeur de musique n'ont été que des surprises dans des points dégarnis des troupes du gouvernement espagnol, ou défendus par de faibles garnisons, et que Santes abandonnait au bout de quelques heures d'occupation, alors qu'il en avait fait enlever tout ce qui avait une certaine valeur, et qu'il y avait prélevé une forte contribution de guerre, en espèces sonnantes ou en chevaux, mulets, et même en quelques-uns des plus riches contribuables, emmenés comme otages en garantie de la contribution, alors que cette dernière n'était pas payée entièrement.

Santes aurait pu faire de grandes choses dans le courant de l'hiver de 1873, alors qu'il disposait, à son quartier général de Chelva, de plus de 5,000 volontaires d'infanterie et de 300 chevaux pouvant entrer en campagne.

Avec quelques succès habilement conduits et plus d'intelligence, Santes aurait vu les forces qu'il commandait doublées en peu de temps; mais, préoccupé de la composition de musique qu'il faisait exécuter par 100 pifaros, qu'il traînait à sa suite, et par le désir de retourner fort souvent à Chelva auprès de

celle que le second commandant de l'armée du
Centre carliste nommait son épouse, séduisante et
jeune Française des Basses-Alpes, le colonel Santes
ne sut s'entourer que d'incapacités, auxquelles il laissait le poids du commandement, comme les colonels
Cabanes, Vidal, le chef de la cavalerie Chopenas, le
capitaine de l'escorte Planto, le commandant d'état-
major Minguet, le gouverneur de Chelva Juan
Martinez, ex-boucher et bandit fugitif, Calixto Martinez, chef des bagages, vivres, argent et munitions;
tous gens qui ne surent que trahir le trop faible Santes, se débarrasser ensuite de lui par une conspiration
pour arriver à partager le pouvoir de leur chef et cacher leurs coupables dilapidations.

Santes était si peu à la hauteur de la position militaire que lui avait confiée le monarque des sacris-
tains, qu'il ignorait les premiers éléments de l'art
de faire la guerre, et des engins nouveaux de
destruction en usage dans les armées; aussi il ac-
cepta avec enthousiasme la proposition qui lui fut
faite, en novembre 1873, de confectionner des canons
dans la boutique d'un serrurier à Chelva.

L'invention ci-dessus, soumise à l'approbation du
second commandant de l'armée du Centre, consistait
en la fabrication de deux tubes en cuivre, de forme
cylindrique, soudés l'un à l'autre, avec rivures et
brasures en cuivre; le tout enduit extérieurement
d'une pâte réfrigérante, disait le rusé inventeur, et
entouré d'une enveloppe en bois. Après plusieurs
mois de travaux, dits assidus, beaucoup d'argent

ayant été dépensé, le jour de l'épreuve arriva enfin ;
mais, hélas! ledit canon, dûment chargé, monté sur
un magnifique affût en bois, peint en jaune, fut traîné à
1,400 mètres de Chelva, et en présence de l'état-major réuni, devant une partie des forces de la division
de cette ville, l'expérience fut faite, donnant pour
résultat le plus beau fiasco du monde; ce qui n'empê-
cha pas le fabricant du canon mort-né d'être nommé
commandant d'armes, bien que son seul mérite fût
d'avoir adroitement exploité les faiblesses, l'ignorance
et la crédulité de l'illustrissime colonel Santes.

Le temps où l'on pouvait espérer de vaincre l'ennemi faible, sans union, sans influence, sans résolution
énergique, qui se trouvait en face des carlistes, s'é-
coula, car pendant la période de 1872 au mois de
décembre 1874, le gouvernement espagnol n'avait
qu'environ 150,000 hommes sous les armes (1), soldats mal disposés à exposer leur vie, et officiers peu
désireux de seconder les ambitieux placés en tête des
gouvernements qui se succédaient en Espagne, alors
que les gouvernants, peu stables au pouvoir, n'a-
vaient su conquérir la confiance d'aucun parti, leur
conduite et leurs actes n'étant nullement en rapport
avec leurs mensongères promesses, proclamées et
affichées.

Si les chefs carlistes de l'armée du Centre avaient
été moins occupés à faire la guerre par ambition et

_____

(1) Ayant quatre fortes insurrections à combattre, les carlistes au nord de l'Espagne, en Catalogne, dans le royaume
de Valence et d'Aragon, et Cuba.

intérêt personnels ; si la désunion n'avait sans cesse régné entre eux, et si, en un mot, ils avaient fait cas des ordres qu'ils recevaient de leur roi, on aurait pu arriver à priver le gouvernement espagnol de la plus grande partie des levées d'hommes faites par ce dernier, s'emparer de points stratégiques qu'on aurait fortifiés et occupés par de suffisantes garnisons, alors que les populations rurales n'étaient pas encore épuisées et fatiguées par la guerre. Ayant alors ses derrières assurés et des points de repère pour s'approvisionner, soigner sûrement les malades et les blessés, et réorganiser les pertes subies, l'armée carliste du Centre, combinée avec les forces que commandait au nord don Carlos, serait arrivée à des résultats qui auraient pu mettre en danger Valence, Carthagène, Madrid et autres points importants, alors surtout qu'en ce moment, les soldats du prétendant parcouraient avec facilité, de la Catalogne jusqu'à l'Ebre, une partie de l'Aragon, tout le Maestrazgo, et depuis 12 kilomètres près de Valence jusqu'à 14 heures de Madrid, à Almansa, où celui qui écrit fut avec son régiment, en janvier 1874.

Santes finit bien tristement sa dictature, alors qu'il fut mis en arrestation par le général Palaccios, dans les premiers jours d'avril 1874, à Mansanera, sous l'accusation d'abus de pouvoir, d'insoumission aux ordres de ses supérieurs et détournements de fonds. Détenu jusqu'au mois d'octobre 1874, le colonel Santes put regagner la France, sans cependant qu'un conseil de guerre eût reconnu la fausseté de

CUENCA

13, 14 et 15 Juillet 1874.

Légende.

1 Ambulance
2 Porte de Valence, fortifiée.
3 Place des Taureaux
4 Place de la Fontaine
5 Ancienne Caserne des Gardes Civils
6 Parc d'Artillerie
7 Hôpital
8 Université
9 Caserne de la Garde Civile
10 Place de la Cathédrale
11 Cathédrale
12 Citadelle
13 Moulin
14 Ambulance
15 Mur d'enceinte
16 Rio Juvar
17 Barricades
18 Brèches
— Forces du gouvernement
••••• Forces Carlistes.

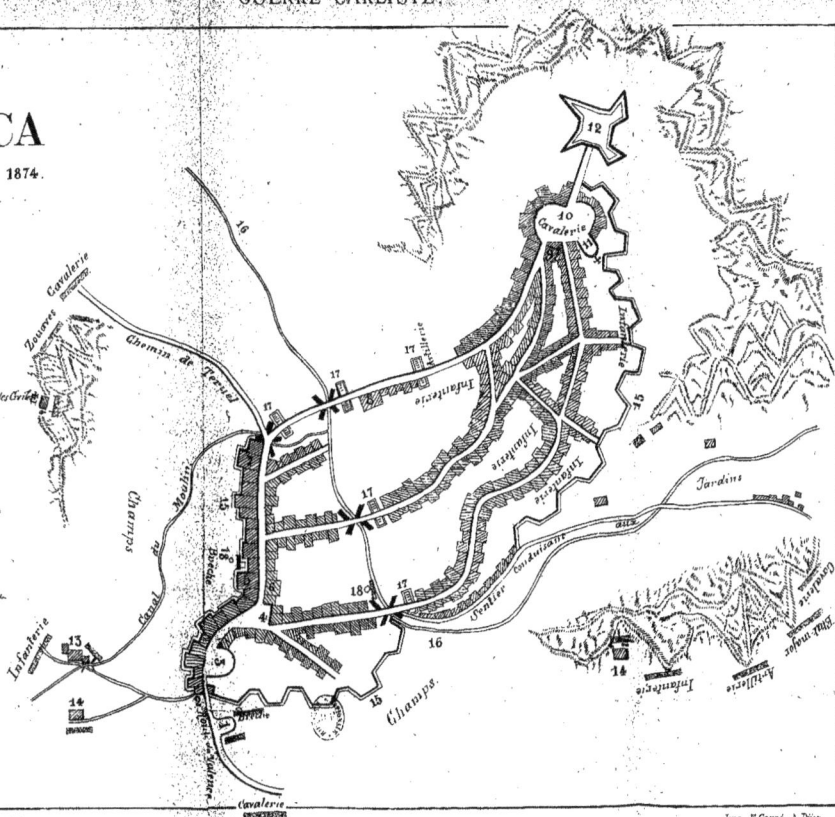

Dressée par de Valgeras

Imp. F. Carré, à Dijon.

l'accusation qui avait amené l'arrestation de cet officier; aussi son départ d'Espagne fut regardé comme
une fuite par ses anciens compagnons d'armes, et
accrédita la mauvaise opinion qu'on avait conçue de
lui.

Les Valenciens, qui composaient en majorité les
troupes de Santes, n'étaient pas disposés à faire la
guerre hors de leur province; excessivement vani-
teux, ils croient qu'il n'y a rien au-dessus d'eux; généralement sans instruction, ils ont tous les instincts
de l'Arabe, dont ils descendent, et dont, sauf un peu
de civilisation, ils sont restés les très peu dignes
rejetons (1). Le Valencien ne vous dit jamais ce qu'il
pense, incapable cependant de garder le secret d'au-
trui; ce peuple est porté à l'insubordination et à la
révolte envers ses chefs; cependant les officiers coura-
geux, capables et sachant se faire aimer des Valenciens, obtiendront la confiance de ceux-ci, qui leur
seront tout dévoués et qui ne les abandonneront pas
le jour d'un combat, si ces officiers paient de leur
personne. La cause principale du mauvais résultat
des opérations de l'armée du Centre carliste ne peut
être imputée qu'à l'ignorance et à la jalousie des
chefs à partir du grade de colonel; et surtout aux
grands commandements donnés à des généraux tels
que Lizarraga, qui, après avoir servi la cause de la
famille de don Carlos en 1833, passèrent ensuite à

(1) La domination arabe a existé en Espagne depuis 737
jusqu'en 1390.

l'armée d'Isabelle II d'Espagne, pour de nouveau re-
devenir carlistes en 1872.

Les Valenciens parlent un dialecte infect, décoré
de langue valencienne, la majorité n'entendant pas le
castillan, langue officielle espagnole; sales, couverts
de vermine, que les femmes surtout se cherchent publiquement les unes aux autres; ne pratiquant pas
l'hospitalité, vidant leurs querelles à coups de couteau, se disant religieux par excellence, alors qu'ils
ne sont que d'affreux hypocrites, prétendant que leur
capitale est le pays le plus charitable du monde, leur
province étant celle où il se commet le plus de
crimes. Vous rencontrez le Valencien ayant, dans
les villes, un large couteau Navaja, un poignard, un
revolver à sa ceinture, et dans la campagne, un tra-
bouco, une carabine ou un fusil sur l'épaule ou à côté
de lui, et cela dans l'intérêt de ses semblables, dont
la santé nécessite une abondante saignée ou un
voyage dans l'autre monde.

A côté de la nature si perverse du Valencien, en
général, le hasard a placé la capitale de ce peuple
dans une admirable position topographique, sous un
climat des plus beaux, des plus luxuriants, sans même
excepter Nice.

Dans ce paradis terrestre, appelé Valence, les
rigueurs de l'hiver sont inconnues, et les chaleurs de
l'été excessivement tempérées par les douces brises
de la Méditerranée, dont les vagues viennent baigner
la plage où cette coquette repose ses pieds, alors que
sa tête s'avance dans un jardin merveilleux, embau-

mé des plus suaves parfums, s'étendant à plus de 8 kilomètres dans l'intérieur des terres, aux quatre points cardinaux de cette oasis européenne.

Rien ne manque à Valence ; aussi la vie matérielle y est très bon marché en famille ; légumes, fruits et fleurs y durent toute l'année. Cette petite ville prédestinée ressemble de loin à une cité orientale, par suite de la quantité de tours et dômes des différents monuments antiques et modernes qui se lancent dans l'espace qu'occupe cette ville ; plus de quinze villages forment une couronne enchanteresse, dans un périmètre d'environ 140 kilomètres, à la capitale de l'ancien royaume de Valence, composé aujourd'hui de 150,000 habitants.

Race maudite que l'Espagnol carliste, qui alla chercher jusqu'en Hollande, en 1872, et accueillit avec empressement les étrangers qui vinrent défendre la cause de don Carlos, tant que ceux-ci, simples soldats, furent les premiers à marcher à l'ennemi, se faisant remarquer par leur bonne tenue, leur discipline et leur instruction militaire ; mais dès que le jour des récompenses arrivait, l'Espagnol regardait alors l'étranger comme un mendiant, étant venu en Espagne parce qu'il n'avait pas de pain à manger chez lui ; il était considéré comme un *gavacho*, terme de profond mépris, donné généralement aux Français ; continuellement, Messieurs les Espagnols carlistes faisaient allusion, en présence des étrangers, à la prétendue valeur des troupes espagnoles, rappelant les désastres de l'armée française, en 1812 ;

3

comme si l'histoire n'était pas là pour prouver que, sans les secours de l'Angleterre et du Portugal, et surtout le talent militaire du général anglais Wellington, la France aurait fait une de ses colonies de l'orgueilleuse Espagne, qui prétend que la nation sa voisine ne pourrait vivre sans elle.

Par suite de tant de prétentions, de tant de morgue et de vanité exagérées à l'égard de la France, l'Espagnol, réfugié ou émigré, ne devrait jouir d'aucune considération, et l'on ne devrait accorder aucun secours à ces sauterelles européennes qui ont oublié tout ce que la France, grande et généreuse, a toujours fait et fait encore pour les Espagnols malheureux, qui demain mordront la main qui leur donne le pain, qu'ils sont si peu dignes de gagner; on ne devrait, en un mot, qu'ouvrir à ces brutes les portes d'une prison, pour préserver la société de leurs méfaits, en attendant le moment fortuné de se débarrasser d'eux pour les rendre à leur pays dont on ne devrait jamais leur laisser franchir les frontières qui les séparent des nations civilisées, humaines et charitables.

Les anciens officiers supérieurs (1) qui commandent dans l'armée du Centre sont cause de la déconsidération qui s'attache au parti carliste, dans le royaume de Valence, car ils laissent perdre tous les jours les principaux éléments de réussite dont ils disposent; ils sont les moteurs qui amènent la dissémination et

___
(1) Qui ont fait la guerre de 1833 à 1840.

la perte des forces militaires les plus vivaces, et cela parce que ces chefs sont :

1° Complétement incapables comme colonels, chefs de brigades ou de divisions;

2° Parce qu'on leur accorde une influence qui ne s'acquiert pas sur les masses belligérantes par le seul fait d'avoir la barbe blanche et la tête chauve;

3° Parce que, jaloux des quelques étrangers et officiers espagnols capables qu'ils ont à côté d'eux, ils ne veulent jamais avoir recours aux connaissances militaires de ces derniers; .

4° Parce qu'enfin, vieux, ayant souffert les privations de l'émigration, possédant femme et enfants et peu de fortune, ils ne pensent qu'à sauver leur vie et à remplir leur bourse pour aller, au plus tôt, vivre tranquilles à l'étranger, à l'abri de tout danger et de toute nouvelle misère.

CHAPITRE X

Don Manuel Monet Martel

Commandant en chef de la division de Valence.

Monet avait été officier de la garde civile, gendarmerie de l'armée régulière d'Espagne. Cet officier supérieur était un grand et robuste gaillard, plein d'activité, supportant bien le poids des années; militaire énergique, plein de courage et excellent organisateur. Aussi l'envie et la jalousie s'emparèrent bientôt des tristes chefs qui avaient l'honneur de faire partie de la division, infanterie et cavalerie, que commandait le colonel Monet, et une première fois, en septembre 1874, ce dernier fut remplacé dans son commandement, puis enfin, en mars 1875, destitué, arrêté et fusillé, quoiqu'on lui dût l'admirable organisation, le bon armement et l'habillement des forces qu'il commandait, et surtout l'initiative de l'attaque ainsi que la prise de la ville de Cuenca (1), après un feu continuel de 52 heures.

Cuenca est une ville de 18,000 habitants située sur une hauteur, dont le pied est baigné par une

(1) Ville prise en 1808 par la division française du général Moncey.

rivière qui lui sert de ceinture, ne pouvant être atta-
quée que par le côté sud, dominé par une citadelle
qui était défendue par 4 pièces d'artillerie et par
une garnison composée de vieux soldats, gendarmes
et douaniers, les meilleures troupes espagnoles. Le
brigadier Iglésia, qui commandait les troupes du gouvernement à Cuenca, lors de la dernière prise de cette
cité par les carlistes, 13, 14 et 15 juillet 1874, commit
la grave faute de ne pas enclouer ses canons et de ne
pas noyer la grande quantité de munitions de
guerre dont il disposait, devoir impérieux qui in-
combe à tout chef d'une place forte qui se trouve
dans la dure nécessité de capituler en rendant son
matériel de guerre.

CHAPITRE XI

—

Un Brave

comme il y en avait peu dans l'armée carliste du Centre.

Tu es mort, vaillant et si digne camarade, et pas un de tes frères d'armes n'était auprès de toi quand les balles des sicaires du gouvernement d'Espagne sont venues te frapper, et pas un cœur ami n'a pu recevoir tes dernières confidences au moment où tu as su mourir si dignement en faisant l'admiration même de tes bourreaux, qui t'ont fusillé après une pénible et longue captivité comme prisonnier de guerre.

Nous avons souvent combattu côte à côte, à la tête de ton vaillant bataillon de chasseurs, et une vive et commune sympathie nous avait liés; aussi, rentré au foyer domestique, je n'oublie pas ton souvenir et trace ces quelques lignes en mémoire de notre amitié.

Le lieutenant-colonel Lozano sortait de l'armée régulière espagnole, où il avait laissé d'excellents souvenirs, portant sur sa poitrine plusieurs décorations, preuves de sa conduite, de son courage et de ses connaissances militaires, comme officier.

Le caractère chevaleresque de Lozano le porta à se dévouer à la cause de don Carlos, cause qu'il croyait juste comme beaucoup d'entre nous, ayant la sympathie des gens de bien, et dont le succès devait avant peu cicatriser les plaies de l'Espagne, alors qu'aucun gouvernement espagnol n'avait pu sortir celle-ci de la guerre civile qui, plus ou moins, dure depuis 1820 jusqu'à ce jour, dans la Péninsule Ibérique.

L'instruction militaire de Lozano, sa haute intelligence, sa froide et si courageuse conduite en présence de l'ennemi, et sa sollicitude pour tous les besoins de ses subordonnés, en firent bientôt l'idole du soldat carliste dont il possédait toute la confiance. Mais aussi l'envie et la jalousie s'emparèrent des anciens officiers de la guerre de sept ans, tous gens prétentieux, se drapant dans leur passé de lieutenant ou d'ancien capitaine, bien que leurs tuniques et dolmans portassent, en 1873, les galons de commandant ou de colonel; aussi ces nullités officielles, qui ont fait tant de mal à la cause du Prétendant, jurèrent de se débarrasser de Lozano, dont ils redoutaient l'influence croissante; une infernale machination fut ourdie et, sous des espérances de rendre un grand service, mon brave ami fut investi du commandement d'une force d'environ 400 hommes d'infanterie et 60 chevaux, avec mission de partir en avant-garde d'une forte colonne avec laquelle M. Lizarraga, en compagnie de S. A. don Alphonse, devait marcher, avant peu, dans les provinces d'Alicante et Murcia (1), où se rendait Lozano.

Mais tout cela était mensonge, personne ne devait

(1) Province d'où Lozano était originaire.

suivre le petit corps d'armée de Lozano; aussi le gouvernement espagnol, prévenu de l'expédition de mon infortuné camarade, lança trois brigades à la poursuite de ce dernier qui, après plusieurs luttes héroïques soutenues par ses intrépides volontaires, fut obligé de succomber devant une force numérique très supérieure à celle qui était placée sous ses ordres.

Lozano fait prisonnier et conduit à Albaceite, octobre 1874, fut traduit devant un conseil de guerre qui le condamna à mort pour sa soumission aux ordres de ses chefs et son dévouement à la cause du Prétendant qui n'a pas, que je sache, pensé à faire placer une pierre à l'endroit où repose le corps d'un de ses vaillants et plus fidèles officiers.

Si l'âme n'est pas une invention chimérique, si l'existence d'un autre monde est autre chose qu'une consolante fiction, ne maudis pas tes assassins, mon bien cher Lozano, non plus que les misérables qui ont été cause de ta mort prématurée, et conserve le souvenir de ceux qui, comme moi, pleurent sur la terre qui couvre ta dépouille mortelle.

Repose en paix,

Ton ami,

DE VALGÉRAS.

CHAPITRE XII

Antonio Ribera

Avant de devenir officier supérieur d'infanterie, on ne sait par quelle sourde intrigue, Ribera était maître d'école à Sila (village de la province de Valence), où il jouissait de la plus belle réputation de libéral, lorsque comme pédagogue il y exerçait ses fonctions ; mais, en 1869, une loi étant venue diminuer les émoluments de MM. les instituteurs d'Espagne, Ribera se jeta dans l'opposition, puis dans les rangs carlistes, où il sut habilement y exploiter son peu d'instruction, convaincu qu'un borgne peut devenir roi dans le royaume des aveugles.

D'une malpropreté remarquable, vêtu en paysan jusqu'au jour où il put orner ses bouts de manches de deux larges galons en or, portant une barbe rousse inculte, où le peigne ni l'eau n'avaient jamais passé, à la tournure commune, sans aucun savoir-vivre, brutal avec ses subordonnés, sans capacité militaire, Ribera se maintient au pouvoir, grâce à un groupe de vieux mécontents à la tête desquels il sut rester, par suite de sa profonde dissimulation et de sa basse flatterie. Il se fit la créature du géné-

ral Lizarraga qui, pas plus carliste que Ribera,
nomma ce dernier chef de la brigade de Chelva, au
moment de la première disgrâce de Monet, septembre 1874, puis chef de la petite brigade de Jativa,
décembre 1874, quand Lizarraga prit un instant le
commandement en chef de l'armée du Centre.

CHAPITRE XIII

—

Pascual Cucala

Natif d'Alcala (Valence), paysan sans éducation, ne sachant pas même parler la langue espagnole (le castillan), brute à qui on avait appris, à grand'peine, à faire un semblant de signature ; bête féroce aux instincts sanguinaires, ne sachant faire que deux choses : porter la désolation dans les pays où il passait, et ruiner le commerce de l'Espagne, par toutes sortes de déprédations, en laissant voler et incendier les coquins qui, dans ce but, s'étaient placés sous ses ordres.

On ne peut comprendre, pour ne citer qu'un exemple de la prétendue vie militaire de Cucala, les mobiles qui le guidaient, alors qu'en septembre 1874, il vint détruire et incendier, en commettant toutes sortes d'infamies, la voie ferrée aux environs de la Vente d'Alzina, chemin de fer de Valence à Alicante.

On était assuré de perdre une action, toutes les fois que le bandoulier d'Alcala venait à prêter le concours des hommes qu'il commandait à une autre force carliste : Alcora, 15 juin 1874; Villafranca, 1er novembre 1874; Vinaroz, 6 décembre 1874.

Cucala n'a jamais eu que le talent de savoir s'entourer de bandits qui le renseignaient, par peur de perdre la vie ou de voir leur famille ruinée, des mouvements de l'ennemi, de connaître exactement le moindre petit chemin du terrain où il opérait, et de savoir fuir à temps par des sentiers connus seulement des coquins fugitifs dont l'Espagne se trouve peuplée.

Une instruction ayant été commencée contre Cucala, au quartier général de l'armée du Nord, décembre 1875, ce chef carliste se vit libre par suite de la conclusion de la guerre, qui mit fin à son procès.

CHAPITRE XIV

—

Vandalisme des chemins de fer

Pour que l'on comprenne mieux une partie des désastres produits par la guerre civile actuelle en Espagne, je crois devoir reproduire ici une relation des dégâts causés par les carlistes aux chemins de fer, télégraphes et autres ouvrages publics durant la seule année de 1874.

Janvier. — On coupe le chemin de fer d'Andalousie entre Vilchez et Ventas-de-Cardonas.

On détruit l'aqueduc d'eau à Castellon de la Plana.

Aux environs d'Ayerbe, chemin de fer de Zarragosa, on détruit un pont, de Tudela à Bilbao ; on brûle deux stations, et celle de Malgrat en Catalogne.

Février. — On incendie la station de Alcaladre, et l'on fait dérailler un train de marchandises au chemin de fer de Bilbao ; on détruit aussi la ligne télégraphique entre Olesa et Monistcol, et l'on précipite un train de marchandises dans la rivière.

Mars. — On coupe le chemin de fer et on détruit le télégraphe entre Wandrell et Wals, ainsi que le trainvia de Gandia à Valence.

A Almansa, on détruit la station télégraphique, et

l'on coupe la voie, on cause différents dégâts sur plusieurs points de la ligne d'Alicante à Valence; on coupe la ligne entre Almansa et Mogente, et entre Oviedo et Campomanes; il en est de même près Teruel et entre Loredo et Castro.

Juin. — On détruit plusieurs stations entre Taragona et Vendrell, et pour empêcher le passage des troupes du gouvernement se rendant à Berga, on détruit divers ouvrages importants de la charretière (route).

Au chemin de fer de Santander, on détruit plusieurs kilomètres de la voie.

Juillet. — On brûle la station de Rincon de Soto, sur le chemin de fer de Tudela à Bilbao; on détruit également plusieurs kilomètres de la ligne télégraphique de Valence.

Août. — On incendie une station et le pont en bois sur le chemin de fer de Barcelone à Taragonoa, et un train à la station de Noblet et Puente de Ripollet; il en est de même de la maison du garde à la station de Vinaixos. Au chemin de fer de Madrid à Zarragosa, entre Medinaceli et Arcos, on arrête un train, et après en avoir fait descendre les voyageurs, on le précipite dans la rivière; on détruit en outre quatre ponts en fer sur el Jalon; à la station d'Arcos, on détruit la plate-forme et on jette trois locomotives dans le ravin; on détruit l'hôtel de la station télégraphique d'Arcos à Medinaceli.

On enlève les rails qui se trouvent sur le pont de Sumidores, chemin de fer d'Alicante; on précipite un train dans la rivière, n'ayant pas le temps de le piller, et l'on détruit la station de la Encina.

Au chemin de fer de Santander, on détruit la station de Quintanilla.

On détruit la ligne télégraphique de Miranda jusqu'à Haro, la station de Calaf, les appareils télégraphiques de Quintos, en Aragon; on coupe une autre fois la ligne télégraphique près d'Arcos, et l'on brûle la station de Calahora, sur le chemin de fer de Tudela à Bilbao.

Septembre. — On brûle la station d'Espinosa de Los Monteros, chemin de fer de Santander à Santuno, et l'on détruit la station télégraphique.

Une décharge faite sur un train tue le machiniste et le chauffeur; òn détruit la ligne télégraphique entre Nules et Castellon.

Au chemin de fer d'Alicante, on dévalise un train de marchandises, et attachant les fils télégraphiques au dernier wagon, on fait partir le train qui arrive sans personnel à Albacete; on brûle la station de Pozo-Canada, Monovar et Novedas; on coupe le chemin de fer de Carthagène; on détruit les ponts et brûle la station de Toborra et Agramon; on brûle les portes et croisées de la station de Hellin; on lance deux trains l'un contre l'autre après en avoir fait descendre les voyageurs, mais non les employés, qui furent presque tous gravement blessés; dans cette expédition, on eut à constater la destruction de 80 wagons, 6 machines, 4 ponts et 3 stations avec tout le mobilier.

Entre San-Vicente et Llanes, on détruit la ligne télégraphique.

Octobre. — On brûle la station de Cetina, on détruit la ligne télégraphique, on coupe la voie et
brûle sept machines entre cette station et Burbieca,
chemin de fer de Madrid à Sarragoza.

On coupe les lignes télégraphiques entre Pajares et
Vega de Ciego (Asturias), Tafalla et Sarragoza, Ville-
na et Alicante, Hellin et Aluzcia.

On détruit 6 kilomètres de la ligne télégraphique
entre Minares et Pajares; on brûle la station de
Blanca; on détruit les appareils télégraphiques de la
station de Elche à Orihuela; on incendie la station
de la Encina, chemin de fer de Valence à Alicante.

Novembre. — On brûle la station de Benlloch, chemin de fer de Lerida; on détruit les appareils d'é-
clairage du phare à Guipuzcoa.

Décembre. — Les carlistes terminent enfin leur car-
nage, durant le cours de l'année que je viens de citer,
par la destruction de quatre ponts sur el Zadorra.

De ce qui précède, le lecteur aura pu se faire une
idée, non-seulement de ce qu'ont dû perdre l'État et
les compagnies de chemins de fer en Espagne, mais
apprécier encore ce que le commerce doit souffrir
de la guerre désastreuse que les carlistes ont apportée
dans leur malheureuse patrie.

CHAPITRE XV

—

Don Alphonse de Bourbon et d'Austria

La vive gratitude, eu égard à toute la bienveillance qu'a toujours daigné avoir pour l'auteur de cette brochure Son Altesse le frère de don Carlos, et la sollicitude qu'il a daigné me montrer après ma blessure à Cuenca, me font un devoir de m'abstenir de toute réflexion, quant au commandement qu'a exercé don Alphonse pendant le temps que son serviteur a eu l'honneur d'être placé sous ses ordres; regrettant que dans le chapitre de Lissaraga, mes lecteurs puissent confondre les actes de ce chef d'état-major du quartier général avec ceux de Son Altesse qui, bien que général en chef, ne faisait que couvrir, quoique avec un vif sentiment de réprobation, ainsi que sa charitable, généreuse et vaillante épouse (dona Blanca de Portugal), tout ce qui se passait et se faisait autour d'eux !

Don Alphonse et sa femme légitime, deux enfants à peine éclos à la vie de ce monde, étaient en pleine lune de miel; leur caractère ainsi que leur mutuelle sympathie les portaient à vivre dans un coin retiré,

4

pour conjuguer le verbe aimer en égrenant le chapelet de leur amour, professant la plus vive admiration, mise en pratique, pour ces vers écrits par le
chansonnier populaire de la France :

« Dans un grenier qu'on est bien à vingt ans. »

CHAPITRE XVI

—

Une calamité populaire

Mes lecteurs se seront demandé comment il se fait que, dans une histoire de guerre, je n'ai pas encore écrit un chapitre rendant compte de quelque épisode de combat ou bataille ayant eu lieu entre les forces libérales du gouvernement espagnol et les carlistes.

Je pourrais répondre à ce sujet et donner d'excellentes raisons pour obtenir mon absolution de mes charmantes lectrices et de mes bienveillants lecteurs ; je me contenterai seulement de satisfaire mon public en lui racontant les détails d'une bataille livrée à Alcora, et en lui faisant connaître les résultats obtenus par les deux forces ennemies ; on pourra ensuite apprécier le peu d'importance que ces prétendus succès ou défaites peuvent avoir pour la pacification de la guerre carliste.

Le 26 mai 1874, sortait de Castellon-de-la-Plana (royaume de Valence), à quatre heures du matin, les régiments de Cuenca, d'Aragon, la compagnie de volontaires de cette capitale, deux autres compagnies commandées par les capitaines Cortilla et Calia, avec artillerie et cavalerie ; ces détachements du gouvernement espagnol se dirigèrent vers Alcora, pour y attaquer les forces carlistes du Centre, qui se trouvaient depuis quelques jours dans cette dernière ville, et qui étaient aux ordres des brigadiers Alvarez, Villalain, et des colonels Cucala et Pencheta, occupant les magnifiques positions dominées par l'ermitage de San-Cristobal.

Les troupes libérales arrivèrent à onze heures du matin en vue d'Alcora, où elles rencontrèrent la brigade Chacon, du gouvernement, venant par le chemin d'Onda, composée des bataillons de Bazea, des chasseurs de Merida, de Figueras, de la réserve de Madrid, d'une section d'artillerie et d'un escadron de cavalerie.

Les forces libérales ayant fait leur jonction et pris leurs positions, le général Montenegro opéra l'attaque par la Rembla ou ravin de la Viuda, pendant que le brigadier Chacon ouvrait le feu par la gauche, étant appuyé, dans ce mouvement, par le régiment de Cuenca et le bataillon provincial de Castellon, auquel le général en chef (Montenegro) donna l'ordre de se diriger vers Alcora, dans le but d'entourer l'ennemi qui résistait bravement à la brigade Chacon.

Les carlistes étaient formés par petits pelotons, ayant pour objet de présenter moins de blanc et rendre moins efficace l'effet des grenades des ennemis. Le système de défense et·de retranchements qu'avaient adopté les factieux, dans cette circonstance, était très avantageux pour eux, alors que, du côté des libéraux, les soldats recevaient à corps découvert la terrible fusillade qui sortait des anfractuosités très accidentées du terrain occupé par les soldats du Prétendant.

Au moment le plus fort de l'attaque, le général en chef carliste donna l'ordre à son clairon d'ordonnance de sonner la retraite, ce qui n'était qu'un faux mouvement pour attirer l'ennemi en dehors de son artillerie, dont le feu occasionnait de grandes pertes aux carlistes; le bataillon de Baeza et celui de réserve de Madrid, voyant l'ennemi se retirer, se lancèrent à sa poursuite; mais les volontaires de don Carlos, ayant fait alors une évolution de double-droite (par le flanc droit), revinrent vigoureusement contre les forces du gouvernement par deux charges à la baïonnette; mais le bataillon de Baeza et celui de la réserve de Madrid ayant été renforcés par les bataillons des chasseurs de Madrid et de Figueras, une lutte acharnée eut lieu presque corps à corps entre les combattants, et les carlistes se virent contraints d'effectuer leur retraite, mais avec un ordre surprenant, se dirigeant vers les hauteurs de la ville de Lucena, en évacuant peu à peu leurs positions, tout en continuant à inquiéter vivement l'ennemi.

A cinq heures après midi, le feu cessait sur toute la ligne, et les forces libérales passaient la nuit à Alcora, alors que les carlistes établissaient leur campement à Lucena, situé à 12 kilomètres d'Alcora.

Comme presque toujours, la cavalerie ne put rendre aucun service, à cause de la position montagneuse et très accidentée du pays.

Les pertes des deux côtés furent sensibles en

morts et blessés; on eut à regretter la mort de plusieurs officiers et celle surtout du commandant du
bataillon de Bazca; le brigadier carliste Alvarez fut
blessé au pied; Cucala père eut son cheval tué sous
lui, et le général en chef carliste ne dut la vie qu'au
hasard, qui voulut que la grenade qui tomba aux
pieds de son cheval n'éclatât pas.

Pendant toute l'action, les 12 pièces d'artillerie, qui
flanquaient les deux colonnes d'attaque des troupes
du gouvernement, accomplirent leur œuvre de destruction à longue portée, avec d'autant plus de facilité
que les forces carlistes du Centre étaient dépourvues
en ce moment de ces engins de mort.

Vous le voyez, lecteurs, tout ce qui précède n'a
pas beaucoup d'attrait pour vous, car il n'y a là aucune de ces grandes conceptions stratégiques qui
frappent l'imagination, aucune de ces péripéties dont
l'attraction attire plus ou moins les sympathies vers
l'une des deux parties combattantes.

Tout peut se résumer comme ci-dessous, dans la
guerre des troupes du gouvernement espagnol contre
les carlistes :

Une colonne des forces libérales poursuit pendant
douze ou quinze jours une partie carliste; celle-ci,
après avoir rencontré une position qui lui convient,
s'arrête enfin, attend l'ennemi, qui l'attaque ou qu'elle
attaque; un feu d'infanterie commence des deux côtés, et malgré toutes les combinaisons absurdes, sans
base de tactique, pour arriver à vaincre, les carlistes
sont obligés de battre en retraite, par suite surtout

du puissant auxiliaire que possèdent les forces du gouvernement, devant lesquelles il ne peut y avoir, à moins de cas exceptionnels, de résistance avantageuse, faute d'artillerie, ce moyen énergique d'attaque et de soutien.

Les résultats de ces combats sont cependant nuls, quant à la pacification du pays; on dépense une énorme quantité de projectiles, qui coûtent cher et sont d'un transport difficile, dans les âpres contrées où les colonnes libérales sont obligées d'opérer. Les soldats, en général recrues de quelques mois, tiennent en leurs mains une arme de précision et à tir rapide, le fusil Verdan ou le Remington; aussi le peu d'habitude que possèdent la troupe, ainsi que les volontaires carlistes, de se servir avec connaissance approfondie de l'arme dont on les a pourvus ne produit pas tous les résultats qu'on aurait lieu de croire par suite de la grande quantité de cartouches brûlées.

Les carlistes se retirent, après un combat perdu, dans des montagnes où ils savent qu'ils ne seront pas poursuivis; les deux parties pansent leurs plaies, enterrent leurs morts, font de nouvelles promotions, distribuent des décorations, recrutent de nouveaux soldats pour remplir les vides faits par la mort, on s'approvisionne de munitions, on lève de nouvelles contributions, et deux ou trois mois après, un nouveau drame sanglant, seconde ou vingtième édition de la calamité ci-dessus, a lieu, et la guerre continue, accomplissant la ruine de l'Espagne et la désolation des familles!

CHAPITRE XVII

—

Antonio Lissaraga

(Le vaincu d'Urgel et d'Estella).

Né le 13 février 1817 à Pampluna (Navarre), dès son jeune âge, il montra les plus grandes dispositions pour les fonctions religieuses ; il se décida cependant, en 1833, à prendre les armes contre le gouvernement espagnol, ayant pour reine Isabelle II, et continua ses services dans les rangs des carlistes insurgés, qu'il abandonna, comme lieutenant, pour émigrer en France, où il passa quelques années.

Je dois faire remarquer que, malgré les sentiments religieux de Lissaraga, poussés jusqu'au fanatisme, jusqu'au mysticisme, ce carliste eut plusieurs duels, alors qu'il se trouvait parmi les tacticux commandés par Charles V.

Rentré en Espagne peu de temps après le traité ou *convenio* de Vergara, Lissaraga passa dans l'armée régulière, ayant pour reine la même Isabelle II qu'il avait combattue, et arriva successivement aux grades de capitaine en 1853, et commandant en 1861, puis s'étant fait remarquer par son dévouement à la défense de la cause de sa séduisante souveraine, il passa lieutenant-colonel le 22 juin 1866, et colonel en 1868, pour s'incorporer de nouveau, en 1873, aux files carlistes. Lissaraga possède la croix de première classe de Saint-Ferdinand, qui lui fut accordée, en 1846, pour services rendus en persécution de ses anciens coreligionnaires, les carlistes; les croix de Saint-Hermenegildo et celle de seconde classe du Mérite militaire, pour avoir concouru à disperser les bandes républicaines qui, en 1867, se levèrent en Catalogne.

En août 1874, Lissaraga se trouvait général-chef-d'état-major de S. A. l'infant don Alphonse de Bourbon et Austria, puis rendu à l'inactivité quand ce prince quitta son commandement de l'armée carliste du Centre et de Catalogne, octobre de même année; enfin Lissaraga put avoir un instant la satisfaction, en décembre 1874, d'être général en chef des troupes carlistes de Chelva, Maestrazgo et d'Aragon, poste qu'il ne put conserver qu'environ un mois, et qu'il se vit contraint de quitter pour passer en Catalogne comme simple général, par suite de la réprobation publique et des ordres du nouveau général en chef don Antonio Dorregaray.

Sous des dehors légitimistes et d'une rigidité de mœurs proverbiale, le général Lissaraga était arrivé à capter la confiance du trop crédule don Carlos, qui crut bien faire quand il donna ce profond tartufe, comme mentor et professeur en armes, à son bien

jeune frère don Alphonse. Si le chef d'état-major de
l'armée du Centre carliste, en 1874, avait été à la
hauteur de l'honorable mission qui lui avait été confiée par son roi, il aurait pu donner une grande im-
pulsion aux opérations militaires des factieux, alors
que ces derniers revenaient de la prise du Cuenca;
en effet, quand les volontaires du Prétendant étaient
pleins d'enthousiasme, au moment où les populations
rurales étaient sous la panique des succès recueillis par
les carlistes, à la suite de la prise d'une ville comme
Cuenca; alors que M. Lissaraga disposait de 8 pièces
d'artillerie, d'une grande quantité de munitions, de
plus de 15,000 hommes d'infanterie et 900 chevaux (divisions de Chelva, Maestrazgo et d'Aragon), il lui aurait été possible de s'emparer de la ville
de Requena, province de Valence, de marcher ensuite
sur Liria, dont on se serait rendu maître en quelques heures, puis de se diriger sur Teruel où, grâce
aux renseignements trouvés sur le courrier (1) envoyé
par le gouvernement espagnol au général Pavia,
17 août 1874, on aurait pu prendre d'assaut cette
dernière ville, alors que par la correspondance saisie on
connaissait la partie faible de cette cité, son manque d'officiers d'artillerie et de génie, ainsi que le
faible chiffre de sa garnison.

Mais Lissaraga ne fit rien de ce que lui commandait son devoir; les forces carlistes s'endormirent sur

(1) Courrier que l'auteur qui écrit cette histoire eut la
chance, en compagnie du sous-lieutenant Francesco Carbo-
nel, de surprendre aux environs de Landetta.

leur dernier succès, son général en chef don Alphonse, ainsi que son état-major et ses meilleures troupes, prirent des bains de mer à Vinaroz et à Beni-Carlos. Les mois d'août, septembre et octobre se passèrent, et S. A. l'infant regagna l'étranger, sa dignité ne lui permettant plus de conserver le commandement d'une armée indisciplinable, où régnait la même discorde entre les différents chefs, qu'entre ennemis de diverses sociétés politiques, comme si ces officiers n'étaient pas les délégués d'un seul et même chef.

C'est ainsi que put s'accomplir l'acte de basse ambition, d'infâme combinaison, qui poussa Lissaraga à conseiller l'inaction à don Alphonse, qui l'engagea à faire commettre toutes sortes de fautes à ce dernier, et à mécontenter les plus dévoués partisans de la cause carliste, pour arriver au but qu'avait toujours désiré le chef d'état-major de l'infant : rester seul à la tête des forces carlistes.

Les considérations ci-dessus amenèrent, après la prise de Cuenca, 15 juillet 1874, le commencement de la dissolution et de la décomposition de l'armée du Centre, alors que le maréchal de camp Lissaraga devint le chef d'état-major de ces troupes, les dissensions intestines et les rivalités des divers chefs de brigades s'envenimèrent, poussés et jésuitiquement exploités par Lissaraga. Le désastre et la destruction de la fabrique de Villahermosa discrédita complétement le talent militaire de don Alphonse de Bourbon à qui on eut le talent de faire supporter toute la faute de cette catastrophe, et enfin le départ du frère de don Carlos apporta le dernier coup à l'union forcée qui, un instant, avait semblé exister entre les divers commandants des forces du Prétendant; aussi, malgré tout le bon vouloir du général de Velasco, envoyé du Nord, novembre 1874; malgré le talent organisateur et les sentiments de dévouement de ce digne officier général, la décomposition continua et amena l'abandon complet de Valence, du Maestrazgo et d'Aragon, par les volontaires de l'imprévoyant Carlos VII, qui furent contraints, du moins d'après l'avis du général Dorregaray, de passer l'Ebre, juillet 1875, pour se réfugier en Catalogne, et y être dispersés peu de temps après; ce qui donna toutes facilités à toutes les forces disponibles du gouvernement espagnol de se concentrer au nord.

CHAPITRE XVIII

—

Villahermosa

Fonderie de canons, grenades et fabrique de cartouches

Villahermosa, province de Castellon-de-la-Plana, est un village de 2,000 âmes, situé dans un entonnoir, au milieu des montagnes les plus arides et les plus élevées de tout le royaume de Valence, que domine la Peña Golosa, rocher à plus de 1,000 mètres au-dessus de Villahermosa, par où passe le sentier qui sert de route pour conduire de la Maestrenza (fabrique) à Vistabella. Ce bourg est occupé par les carlistes et se trouve placé en haut de la pente abrupte conduisant à Adzaneta, position qui rend très avantageuse la défense des établissements que l'infant don Alphonse avait fait créer à Villahermosa dans le courant de l'été 1874.

On se demande, et ce sera longtemps une énigme, comment il se fait qu'on ait pu laisser détruire la fabrique de Villahermosa, si importante et presque une question de vie ou de mort pour les carlistes de l'armée du Centre, alors que don Alphonse

tenait réunis sous sa main plus de 7,000 volontaires
d'infanterie, 500 chevaux et 8 pièces d'artillerie, alors
que toutes ces forces carlistes se trouvaient à Alcora,
ville située à 28 kilomètres de Villahermosa.

A quoi croyez-vous, amis lecteurs, que s'occupaient
le général en chef de l'armée du Centre et dona
Blanca, son épouse, pendant qu'on lui brûlait le prin-
cipal de ses établissements militaires, construit avec
tant de peine et tant d'argent? A s'endormir dans
les délices de la fabrique de faïence d'Alcora, en s'occupant, chose curieuse, à s'initier à la fabrication
de cette industrie, dans laquelle, au grand ébahisse-
ment des ouvriers, la femme de don Aphonse mon-
trait des dispositions qui la taisaient regarder comme
une habile apprentie.

Les troupes du gouvernement d'Espagne, divisées
en trois colonnes composées de 6,000 hommes et
6 pièces de canon, conduites par le général Laguardia,
purent, dans la journée du 27 octobre 1874, arriver à
Villahermosa et accomplir leur œuvre de destruction, en brûlant complétement tous les ouvrages de
cette fabrique qui, au moment de l'attaque, n'était
défendue que par trois compagnies d'infanterie.

Pauvres généraux carlistes, on dirait que, partout
où ils auraient pu vaincre, ils se sont étudiés à laisser
échapper toutes les occasions importantes de lutter
avec avantage et de constituer des moyens énergiques d'assurer le succès de la cause qu'ils avaient
promis de détendre honorablement.

La prise de Villahermosa peut avoir une excuse

pour celui qui était chargé de défendre cet établissement, mais il ne peut en être de même quant au direc-
teur de la Maestrenza, Félix Ferrer, qui, par une incurie
qui frise la trahison, a été cause que les troupes du
gouvernement purent recueillir 3,000,000 de cartouches Ménier et sphériques; 800 grenades chargées;
2,000 fusées chargées; 400 kilog. de pulvérin;
130,000 kilog. de poudre; tout le matériel de la
forge, de la charpenterie, des tourneurs et ferblan-
tiers, ainsi que les diverses matières premières, formant un total d'environ 60,000 fr.; alors qu'il était si
facile à M. l'administrateur Ferrer d'éviter cette prise
de possession, soit en faisant évacuer tous ces engins
24 heures avant l'arrivée de l'ennemi, dont on connaissait l'objectif, soit au pis-aller en jetant le tout
dans un des cours d'eau qui entourent Villahermosa.

CHAPITRE XIX

—

Le Caméléon politique

André Bonnet, fils d'un chocolatier de Chesta, province de Valence, vint s'établir à Chelva, à l'âge de 54 ans, où il fonda une maison de bric-à-brac, dans laquelle on rencontrait de la draperie à côté d'un vieux trabuco, fusil à l'usage des détrousseurs de grandes routes; de la cotonnade faisant face à quelques instruments d'apothicaire, dont il est défendu de prononcer le nom en bonne compagnie; de 60 à 64 ans, Bonnet afficha des vues politiques modérées, et travailla activement à la candidature du marquis de Gonzalès. Nous ne savons pas à quel remords de conscience, ou à quelle inspiration plus ou moins diabolique, Bonnet dut le changement de ses opinions, mais ce qu'il y a de positif, c'est qu'au début de la dernière révolution en Espagne, 1869, il se présenta au secrétariat de la mairie de Chelva, et sollicita de faire partie de la milice nationale de cette ville, en donnant son adhésion au nouveau changement survenu dans le gouvernement.

Bonnet remplit pendant quelque temps la charge de juge municipal; puis, de nouveau, sa conduite politique venant complétement à se modifier, de modéré, de libéral, il devint le plus zélé agent de don Carlos, et en 1872, il se présenta comme candidat provincial carliste del Villar, se voyant, malgré toutes ses intrigues, préférer le candidat libéral.

Depuis le dernier échec politique éprouvé par le triste personnage qui fait l'objet de ces quelques lignes, le zèle de notre caméléon ne connut plus de bornes pour la sainte cause du prétendant au trône d'Espagne, et la boutique de Bonnet devint le centre général de la conspiration des amis du Bourbon d'Espagne et d'Este.

On riait beaucoup à Chelva de la prétendue importance qu'avait prise Bonnet depuis que don Alphonse, frère du Prétendant, l'avait nommé deputato real de la provincia de Valencia, sans avoir pour cela le droit de siéger aux séances de la plus petite assemblée du gouvernement constitué d'Espagne.

Mais peu importait à Bonnet l'opinion de ses compatriotes, alors que sa bourse s'emplissait de bons doublons, grâce au commerce illicite qu'il faisait, et par suite de la protection que le député royal semblait accorder à la veuve, à l'orphelin et à celui qui, se croyant en droit de ne pas payer les réquisitions et multas (amendes), exigées par les chefs et employés carlistes, avaient recours à la protection de Bonnet; aussi, celui-ci se riait à son tour et ne désirait qu'une

5

chose : c'est que la guerre continuât, alors que les troupes libérales avaient pour lui beaucoup d'égards ; sa maison, sa boutique, ses marchandises et sa famille ayant toujours été respectées, et l'autorité légale espagnole n'ayant jamais pensé à s'emparer des biens acquis par le sang et la ruine de l'Espagne, par le si peu digne et si peu honorable agent du parti absolutiste et ultramontain, ayant pour chef don Carlos.

Une espèce de parade ou réception diplomatique eut lieu à Vistabella quand Bonnet fut investi de sa charge de député provincial ; le marchand de denrées diverses, en grand costume d'Auvergnat endimanché, fut présenté à l'Altesse royale, le frère de don Carlos, et, un genou à terre, le fils de l'ancien négociant de cacao, prêta serment de fidélité au roi sans royaume, s'engagea à donner son vote aux lois et décrets de son souverain sans sujets, et surtout, à devenir le plus terrible inventeur de moyens pour arriver à soutirer le plus de douros (pièces de cinq francs) possible pour le Trésor royal, des populations dont le soi-disant député Bonnet était censé défendre les intérêts ; enfin, par son investiture peu légale, il fut le plus fervent représentant ministériel d'un gouvernement idéal.

La position officielle et importante du très illustrissime seigneur Bonnet me faisait l'effet d'une de ces bulles de savon, espèces de globules, que les enfants lancent dans l'air au moyen d'un tube, et qui, après avoir un instant ébloui les regards des spectateurs, disparaissent dans l'espace pour être à jamais oubliées.

Et dire que des Bourbons peuvent ainsi descendre dans l'arène du ridicule et donner la main à toutes sortes de comédies : parodiant avec les gens les moins dignes d'estime la représentation des cérémonies les plus honorables, et confiant la vie des malheureux, qui font la folie de se dévouer à seconder leur ambition, aux personnes les moins capables de cette confiance; et cela pour arriver à régner un instant sur une nation qui ne veut pas d'eux, au lieu de vivre dans le passé de leurs ancêtres, distribuant aux malheureux le superflu de leur fortune, s'occupant sérieusement du salut de leur âme, sans être la cause de la mort de tant d'infortunés Espagnols, et de la désolation de ce qu'ils veulent bien appeler leur patrie.

CHAPITRE XX

—

Le colonel Vidal

Je crois devoir citer au point de vue moral quelques faits historiques de la vie d'une prétendue sommité carliste, prise au hasard sur 40 officiers supérieurs que j'ai connus, et auxquels on avait confié, soit des commandements dans l'armée, soit des postes d'une grande importance.

Miguel Vidal, natif de Ségorbé, atteignait la soixantaine comme presque tous les anciens officiers ayant servi sous Cabrera; petit homme gros et trapu, espèce de Sancho Pança, sans énergie, sans initiative, sans connaissances militaires, lâche et peureux, ne pouvant être égalé en bêtise et manque d'instruction que par son fils, avorton héréditaire de l'homme qui était son père.

Vidal se trouvait à Valence, en août 1869, quand le général carliste Dorregaray, passé de la troupe du gouvernement espagnol, fut envoyé par don Carlos dans la province de Valence pour y organiser l'insurrection carliste.

Notre colonel Vidal ne se vit pas d'un bon œil placé sous les ordres d'un supérieur ; aussi peu carliste de cœur, ambitieux avant tout, il ne visa qu'à une chose : détruire l'influence et le prestige de Dorregaray, déjouer les plans de ce dernier, afin de le discréditer et s'en débarrasser. C'est ainsi que lorsque Dorregaray, croyant le moment propice, quitta Valence, en avril 1872, en faisant parvenir l'ordre à tous les chefs carlistes disséminés dans les environs de cette ville de se rendre, avec les volontaires sous leurs ordres, au couvent de Porta-Celi, à cinq lieues au nord de Valence, sur le haut des montagnes dominant la route de Liria, barrière de la vallée que commande le fort de Sagunto, Vidal eut l'infamie d'envoyer, en sous-main, un contre-ordre aux conjurés, qui tomba deux jours après entre les mains de Dorregaray ; mais il était trop tard pour remédier au mal que venait de produire le contre-ordre envoyé par le traître, car les factieux ne se trouvant pas en nombre, beaucoup d'entre eux ne s'étant pas trouvés au rendez-vous assigné premièrement par Dorregaray, puis démenti par Vidal, et l'autorité espagnole connaissant le lieu et l'heure de la réunion, les carlistes furent surpris et dispersés, et le général Dorregaray fut blessé au bras en faisant courageusement son devoir au milieu des quelques braves qui avaient juré de mourir à ses côtés.

Eh ! bien, chose incroyable, si celui qui l'écrit ne l'avait vu lui-même, ce même Vidal, devenu recaurdador (percepteur) des contributions du gouvernement d'Espagne, devant lequel, alors, on ne pouvait prononcer le mot de carliste sans exciter son indignation contre les vils coquins, comme il appelait ses anciens frères d'armes, devint en juin 1874, gouverneur militaire carliste du district de Chelva, et fut ainsi investi d'un poste d'une haute confiance et d'une grande responsabilité, d'où heureusement on eut le bon sens de le renvoyer en septembre de la même année.

Et, chose encore plus étonnante, Dorregaray arrivant comme général en chef de l'armée du Centre carliste, janvier 1875, non-seulement ne fit pas fusiller le colonel Vidal, mais garda cet officier auprès de lui dans son état-major. Passe-moi le séné et je te passerai la rhubarbe: ainsi devait penser M. Dorregaray quand il consentit à traiter en ami Vidal, le même Vidal du mois d'avril 1872.

En résumé, je puis dire que j'ai vu arrêter une grande partie des chefs espagnols qui ont eu des commandements dans les rangs carlistes, accusés d'incapacité, de concussion et de lâcheté; de tous ces chefs, détenus pendant de longs mois, tous ont été mis en liberté sans avoir été même jugés; d'où je conclus que les chacals ne doivent pas se manger entre eux.

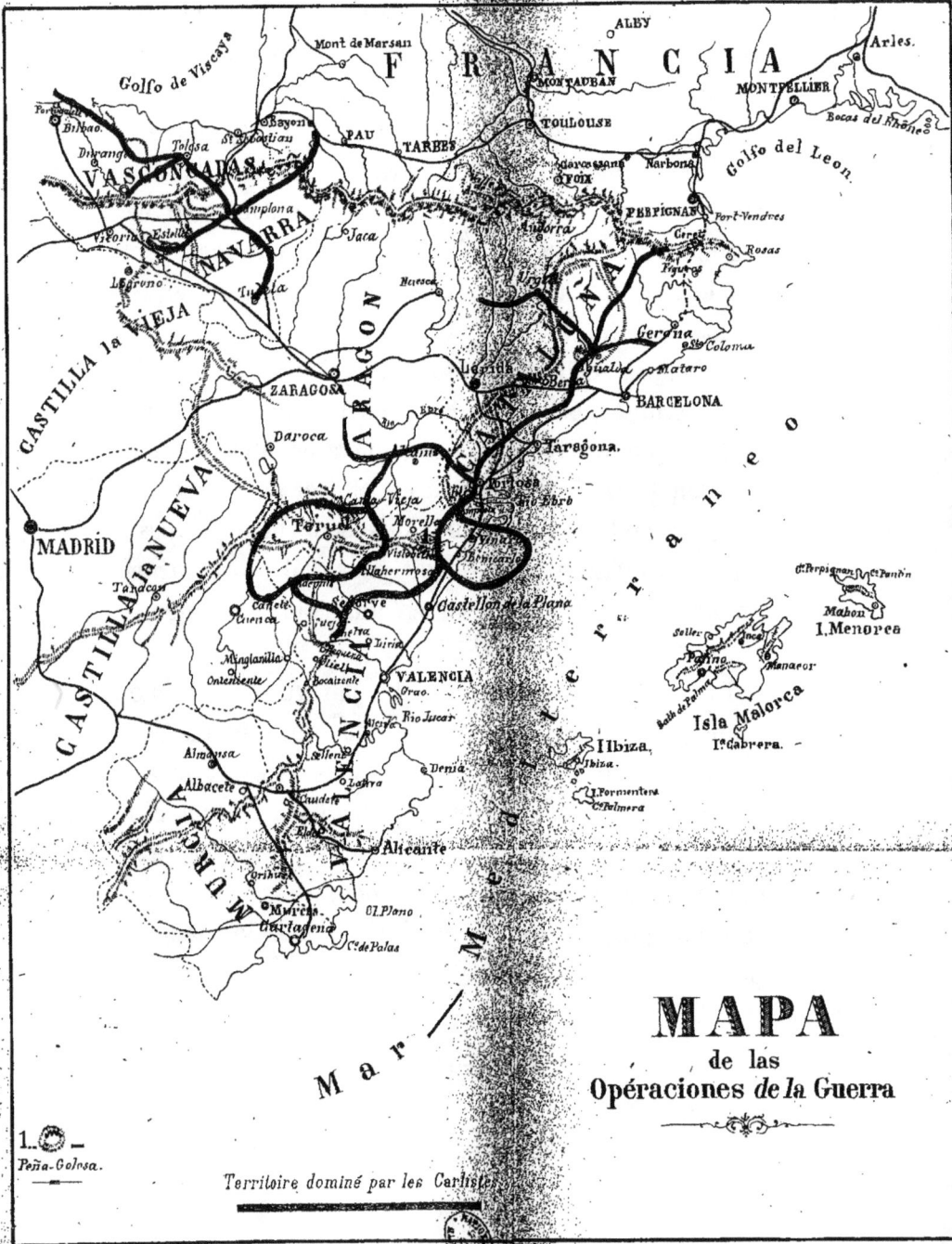

FRANCIA

ALBY
Arles.
MONTAUBAN
MONTPELLIER
Bocas del Rhône.
Golfo de Viscaya
Mont de Marsan
TOULOUSE
Golfo del Leon.
Portugalete
Bilbao.
Bayona
PAU
TARBES
Carcasona
Narbona
Durango
Tolosa
St Sebastian
Foix
PERPIGNAN
Port-Vendres
VASCONGADAS
Pamplona
Andorra
Ceret
Vitoria Estella
Jaca
Figuera
Rosas
NAVARRA
Logroño
Huesca
Sta Coloma
CASTILLA la VIEJA
Tudela
ARAGON
Lerida
Gerona
Mataro
ZARAGOSA
Berga
Puisda
BARCELONA
Daroca
Tarragona
MADRID
CASTILLA la NUEVA
Cataa Vieja
Teruel
Morella
Tortosa
Rio Ebro
Alhermosa
Benicarló
CASTILLA la NUEVA
Tarancon
Cuenca
Segorve
Castellon de la Plana
Minglanilla
Liria
Ontaniente
Bocairente
VALENCIA
Grao.
VALENCIA
Rio Jucar
Almansa
Denia
Sellent
I. Ibiza
Ibiza.
Albacete
Caudete
Daimiel
J. Formentera
MURCIA
Elda
C. Palmera
Alicante
Orihuela
I. Menorca
Mahon
Isla Mallorca
I. Cabrera.
Palma
Manacor
Soller
Inca
Bahia de Palma
Mediterraneo
Mar Mediterraneo
Murcia
Cartagena
El Plano
C de Palas

MAPA
de las
Opéraciones de la Guerra

1. Peña-Golosa.

Territoire dominé par les Carlistes

Dressée par de Valgéras   Imp. F. Carré . à Dijon

CHAPITRE XXI

—

Don Carlos, dit le VIIe

L'avénement au trône des Espagnes par don Carlos, ainsi que l'établissement de son gouvernement
absolu, est de toute impossibilité, la nation espagnole
n'en veut en aucune manière! Les peuples, aujour-
d'hui, ne veulent plus de monarchie surannée, n'ayant
rien appris, rien oublié, et par suite, conservant toujours le même système de gouverner.

La légitimité du prétendu droit divin, sur laquelle
don Carlos appuie ses droits à la couronne d'Espagne, a été reniée par le père de ce dernier, qui a eu
le bon sens de vivre retiré de toutes les intrigues qui
désolent sa patrie depuis de bien longues années. Le
père du Prétendant est libéral et trouve mal portée
la boyna, coiffure des volontaires de son auguste fils,
qu'il n'a jamais voulu placer sur sa tête, pas plus que
la pesante couronne royale enlevée à Isabelle II
d'Espagne, honneur auquel Juan de Bourbon renonça
de toute gaîté de cœur, en faveur de son ambitieux
enfant, Carlos dit le Septième.

S'il était possible que la monarchie du droit divin

pût être rétabli en Espagne, après le 20 juin 1833,
don Carlos devait s'en référer au bon sens de la majorité de la nation espagnole pour savoir s'il pouvait
espérer régner en Espagne, ou si c'était à son cousin
don Alphonse que ce droit appartiendrait. S'il se
trouve un peuple qui puisse désirer un roi, ce peuple
ne peut plus vouloir celui qui vient s'imposer par la
force, croyant qu'une nation est une propriété privée
qui lui appartient par droit de famille ; car le peuple
sait aujourd'hui qu'un roi est un homme comme tous
les autres mortels, qui doit se trouver très fier de ce
qu'une nation veuille bien le choisir pour le mettre à
la tête d'un gouvernement, dont il doit défendre les
intérêts, maintenir les libertés et assurer la prospérité,
par sa conduite franche, sincère et loyale.

En 1868, une révolution eut lieu à Cadix, gagna
toute l'Espagne et la reine Isabelle II fut chassée;
est-ce qu'on cria : Vive Carlos VII ? Non !

En juillet 1870, les Espagnols crurent avoir besoin
d'un roi, alors qu'il fut question de la candidature du
prince de Hohenzollern ; proposa-t-on à don Carlos
de venir régner en Espagne ? Non !

Le 15 novembre 1870, quand la nation espagnole
fut appelée à voter la forme du gouvernement d'Espagne, et l'élection du chef de l'Etat, combien de
votes obtint Carlos VII ? Pas un seul !

Quand la chambre espagnole vota pour la nomi-
nation du duc d'Aoste, comme roi d'Espagne, sous le
titre d'Amédée Ier, quel fut le résultat de ce vote ? Le
fils de Victor-Emmanuel recueillit 191 votes; la Ré-

publique, 63 ; le duc de Montpensier, 27, etc., etc., et comme toujours il ne fut nullement question de don Carlos !!!

Si monsieur Carlos avait eu moins de confiance en ses prétendus amis, il n'aurait jamais fait la folie de venir apporter la guerre civile dans un pays qui avait déjà tant de plaies à cicatriser ; si surtout Carlos, dit le VII°, plus au courant de son siècle, avait désiré réellement devenir roi d'Espagne, pour le plus grand bien de ce peuple, il fallait qu'il ne vînt pas s'imposer par la force, la désolation, la ruine, le vol, l'assassinat et l'incendie ; qu'il reconnût toute la dette du gouvernement d'Espagne, et qu'il admît, comme légalement accomplie, la vente des biens du clergé ; qu'il ne détruisît pas les croyances religieuses, en s'entourant de prêtres déconsidérés, à réputation flétrie, prêchant les maximes de leur prétendu roi divin, promettant un prompt triomphe de la cause carliste, et la récompense céleste, avec pardon de tous leurs péchés, à ceux qui pouvaient mourir pour garder ces cagots de bas étage, ces faux chrétiens, qui ne cherchaient qu'une chose : le moyen de vivre en satisfaisant leurs passions, à l'abri de l'idée carliste, sous le faux prétexte de dévouement à une sainte cause.

Le plus grand tort de don Carlos a été de n'avoir pas suivi la marche politique tracée par le général Ramon Cabrera, en 1869, au moment des élections d'Espagne ; de s'être laissé diriger, à la réunion de Vevey (Suisse), avril 1870, par les coquins qui optèrent pour la guerre civile, seule voie qui pouvait permettre à ceux-ci le pillage des fonds que leur confia et que leur permit de toucher don Carlos, pour aller organiser l'insurrection carliste qui se levait sous de brillantes couleurs, au nom de la religion ; enfin et surtout don Carlos commit la faute de ne pas profiter de la dissension qui existait dans les partis politiques, au moment de la révolution cantonale en Espagne, et de rester dans l'inaction, se drapant, du haut des montagnes où il dominait, dans les succès éphémères de ses généraux, au lieu de marcher avec toutes ses forces sur Madrid, que désolait l'anarchie, et de là sur Carthagène ; ou il fallait se rallier franchement aux progrès de notre siècle, reconnaître les libertés conquises par les peuples ; renoncer à vouloir l'unité religieuse et la domination du clergé ; rendre tous les Espagnols égaux devant la loi, aptes à toutes les charges de l'Etat, sans distinction de caste, et sans autre mérite que l'honorabilité et les capacités individuelles ; permettre d'émettre sa pensée par la voie de la presse ; donner plus de développement à l'instruction des masses, et accorder à ses gouvernés les garanties d'une Constitution libérale, discutée et votée par les représentants nommés par le suffrage de toutes les classes, seule et sublime règle qui a fait un demi-dieu de Washington, qui a rendu populaire le nom de Bonaparte, qui a fait de grands généraux tels que Marceau, Desaix, Hoche, et qui, au XIXᵉ siècle, a porté à la présidence de la République française le fils d'un ou-

vrier, alors que ce dernier, renonçant à ses égare-
ments de ministre d'un Bourbon, revenait aux nobles
et grandes idées connues de lui en 1830.

Actuellement, en Espagne, l'élément ultramontain
a divisé ses forces, comme un général habile en un
champ de bataille, avec l'objectif de pratiquer un
mouvement tournant; si le haut clergé, le clergé diplomatique, incline en faveur du roi Alphonse XII,
le bas clergé semble favoriser le carlisme; partant
l'un et l'autre d'une base commune d'opérations, re-
cevant et exécutant les ordres de Rome, les deux
fractions du clergé convergent au même point; aussi
si le clergé diplomatique triomphait dans le camp de
don Alphonse XII, le bas clergé abandonnerait les
carlistes, comme un instrument qui ne peut plus servir, et irait grossir les rangs alphonsistes, avec la
meilleure volonté. Les prisonniers de la victoire du
clergé seraient alors le libéralisme, la démocratie et
le rationalisme; si au contraire le haut clergé ne peut
arriver à prendre la première place, à s'emparer du
pouvoir, en faisant adopter toutes ses utopies, toute
son ambition, par le gouvernement dit libéral, existant en ce moment en Espagne, tous les calotins
alors, grands et petits, puissants et faibles, riches ou
pauvres, accorderont toute leur influence, délieront
les cordons de leurs bourses, se réuniront, en un
mot, aux ultramontains de l'étranger pour soutenir,
secourir et prolonger l'insurrection carliste, espérant
un miracle de leur Dieu, ou quelque infamie des
hommes, pour amener don Carlos à Madrid, sachant

bien qu'alors l'établissement de la légitimité dynastique du Prétendant serait le triomphe du parti catholique, dans sa dernière définition pontificale, comme système complet de l'organisation sociale.

Le *Syllabus* est en un mot le manifeste expectant du gouvernement de Carlos VII, se dressant audacieusement contre toutes les conquêtes de la glorieuse émancipation des peuples, menaçant les bienfaits de la civilisation moderne.

Dans tous les Etats où existent les frères d'Escobar, Réginald, Anicus, Leyman, Loyola, enfin, on est sûr de trouver ceux-ci en opposition avec les gouvernements assez libéraux pour s'occuper de l'instruction comme des libertés politiques populaires; les Jésuites sont les ennemis les plus acharnés de tous les souverains qui ne veulent pas consentir à se laisser diriger et dominer par leur ténébreuse politique.

La guerre de religion, dont est menacée en ce moment l'Europe, n'a pas de plus zélés meneurs que la compagnie de Jésus ; c'est par le sang et la ruine que ces tristes amis du Pape cherchent à vouloir reprendre le pouvoir dont ils ont joui et le prestige qui avait pu s'attacher à eux, alors que, grâce à l'ignorance, tous leurs tripotages étaient ignorés.

Sentinelles, prenez garde à vous! Tel est le cri que je fais entendre à toutes les nations; l'ennemi ne

(1) Résolution émise par la plupart des aumôniers militaires et hauts dignitaires éclésiastiques carlistes, et conviction que j'ai dû me former à la suite de conversations avec plusieurs supérieurs d'ordres religieux, conversations ayant eu pour témoin un digne commandant carliste (polonais).

cesse ses menées occultes, les Jésuites veillent, attendant le moment propice pour mettre à exécution
leurs projets de guerre religieuse et de révolution
contre les idées libérales, l'émancipation des peuples
et la liberté de conscience. Représentants des intérêts des nations, restez fermes et énergiques, ne reve-
nez pas sur les mesures que vous avez été contraints
de prendre contre l'invasion des fils de Loyola; une
grande responsabilité pèse sur vous, car vous vous
devez au bonheur des citoyens qui sont placés sous
vos gouvernements; le monde entier a les yeux sur
vous et espère, confiant en votre loyauté et convaincu
que vous ne dévierez pas de votre devoir si, surtout,
vous ne voulez pas être emportés dans le tourbillon
d'une guerre religieuse, suspendue en ce moment sur
vos têtes, comme l'épée de Damoclès.

Croyez cependant que je ne suis pas partisan de
la suppression de la religion, de la véritable religion
chrétienne; je pourrais à ce sujet fournir des témoi-
gnages de personnes d'une honorabilité incontestable, car il me serait pénible d'admettre que tout finit
en moi après ma mort, et que mon âme n'a pas
d'autre destinée que celle de mon chien; ce que je
cherche, c'est d'empêcher la suprématie de l'Eglise
de Rome sur les pouvoirs civils et politiques; ce que
je désire, c'est que le prêtre reste à ses attributions
de ministre de Dieu et soumis aux lois des autres
sociétés civiles, car alors sa dignité ne pourra qu'y
gagner; et ce que je voudrais, c'est que ces derniers
prêchent de bouche et d'exemple la charité évangé-

lique et le pardon des offenses; car je ne veux pas de l'Eglise qui a institué les bûchers, inventé l'Inquisition, ordonné les massacres de la Saint-Barthélemy et fait les dragonnades!

Quant aux jésuites, je suis complétement d'accord avec les Bourbons et autres souverains pour reléguer ceux-là dans quelque désert, puisque sous Charles X, 1828, la compagnie de Jésus a été expulsée de France par suite d'un rapport de l'évêque de Beauvais, alors ministre des cultes (1); comme ils furent expulsés d'Espagne en 1834, sous la reine Christine; d'Italie en 1848, et plus tard de Suisse, d'Autriche et d'Allemagne, pour le plus grand bien de tous ces peuples.

(1) Loi qui n'a pas été abrogée, que je sache.

CHAPITRE XXII

—

Disperser les Carlistes

Vers le mois de septembre 1874, les carlistes commirent une grande faute, en ne pas profitant des circonstances favorables qui leur permettaient d'attirer dans leurs rangs une grande partie de la nouvelle quinta, ou levée, que le gouvernement appelait au service; puis, en décembre de la même année, les troupes régulières d'Espagne avaient pu réoccuper le port de mer de Vinaroz, dans le Maestrazgo (royaume de Valence), point très important, d'où les carlistes tiraient les objets qui leur étaient d'une nécessité absolue; et par suite de cette occupation, les opérations des factieux, dans la province de Castellon, avaient été considérablement affaiblies, et l'auraient été encore davantage, si le général qui commandait en chef pour le gouvernement avait fait graviter quelques colonnes mobiles dans le Maestrazgo, ainsi que de la part de Onda et Chelva, sans cesser un instant de poursuivre l'ennemi.

A la même époque, les forces du gouvernement

espagnol étaient rentrées dans Ségorbé (province de
Castellon de la Plana), ville d'un débouché important,
par où les carlistes de la division de Chelva recevaient une grande partie des comestibles, vêtements,
armes et munitions nécessaires à ce corps d'armée;
il est donc incontestable que la position des révoltés
était précaire au commencement de l'hiver 1875,
alors qu'une partie de leurs principales ressources
venaient à leur manquer; il devenait alors nécessaire
aux carlistes de faire une expédition dans la contrée
appelée Ribera (Jativa, Albérique, Castellon de Jativa, etc.), où il était facile au gouvernement espagnol d'envoyer une colonne de ses troupes, qui aurait
sauvegardé les populations, que les factieux devaient
visiter, des déprédations des volontaires de don
Carlos, et auraient forcé ces derniers à vivre dans les
tristes et arides montagnes qui sont de la part de
Chelva.

Après avoir fortifié Utiel, Ségorbé, Vinaroz, Mora
de l'Ebre et Tortosa, et laissé une bonne garnison
dans ces villes, on s'emparait du fort de Flix et de
Miravet pour garder la ligne du bas de l'Ebre, pri-
vant ainsi les carlistes de l'armée du Centre de tous
les secours extérieurs, en les isolant complétement;
puis, par un mouvement tournant de ses troupes, le
général en chef de l'armée du Centre du gouvernement venait à opérer par Utiel, en direction de Chelva,
coupant les communications aux carlistes de la part
de Ségorbé, Liria et Chiva, alors qu'une autre colonne venant de Canete fermait le passage d'Ademus

et Santa-Cruz, au moment où une troisième colonne, descendant de l'Aragon, en direction de Mozqueruella, forçait les carlistes à se jeter dans le Maestrazgo.

Après s'être emparé del Castillo del Puente, en laissant une garnison à Chelva, avoir détruit les fortifications de Canta-Vieja, on avait le soin de faire former un cordon militaire pour la défense de la charretière (grande route) de Ségorbé à Teruel, passant par las Barracas; ces résultats obtenus, les troupes du gouvernement auraient alors poursuivi à outrance les carlistes dans le Maestrazgo, et l'on serait enfin arrivé à détruire le foyer de l'insurrection dans cette contrée de l'Espagne, à moins que les carlistes acculés dans le Maestrazgo se fussent décidés à passer l'Ebre pour gagner la Catalogne ou la Navarre : le premier cas plaçait les forces factieuses dans une triste situation, toutes les troupes libérales du Centre et de la Catalogne pouvant se masser contre elles, et dans le dernier cas, une division des troupes du gouvernement espagnol suffisait pour couper la route de la Navarre aux soldats du Prétendant, en se plaçant dans la contrée de Huesca, à cheval sur l'Ebre.

Le moyen dont je parle, mis en pratique, d'une exécution facile, aurait fait cesser depuis longtemps la guerre carliste dans le royaume de Valence, si le gouvernement, ou mieux les chefs militaires espagnols, avaient eu réellement le désir et la volonté de terminer la guerre civile.

6

CHAPITRE XXII

—

Pourquoi les forces carlistes n'ont-elles pas été dispersées plus tôt?

Parce que, dans un terrain aussi difficile à connaître que celui où vivent les carlistes dans le royaume de Valence, aussi admirablement situé pour la défense, peu propice à l'attaque de grands déploiements de troupes, et rendant presque toujours impossible l'emploi de l'artillerie et de la cavalerie, il était peu facile au gouvernement d'obtenir des résultats sérieux et définitifs avec le peu de troupes qui avaient été mises à la disposition du général en chef de l'armée du Centre espagnole, alors surtout que le commandant de cette armée a été changé sept fois en dix-huit mois (1); puis la guerre civile, les révolutions et pronunciamentos sont une spéculation, un besoin qui conduit, pour ceux qui commandent, à la richesse et aux dignités; le passé de l'Espagne est le meilleur certificat à l'appui de cette assertion; ensuite

(1) Weyler (d'origine suisse); Palaccio; Lopez Domingues; Pavia; Jovellar; Quesada et Echagüe.

le royaume de Valence a eu pendant longtemps un capitaine-général (Lassala) du gouvernement, qui a été colonel carliste pendant la guerre de Sept-Ans ; et un brigadier (Viallon), gouverneur de Valence, dont la digne épouse était plus carliste que don Carlos lui-même ; enfin en Espagne les partis politiques ne sont pas ennemis, ils ne s'en veulent pas à la mort, et cela à cause de la fragilité de l'influence du dominant, par suite du peu de stabilité des hauts fonctionnaires. Renversé aujourd'hui du pouvoir et des charges qu'on exerçait, on rentre dans l'oubli, sans aucun fiel pour celui qui vous remplace, ne s'occupant qu'à conspirer de nouveau pour arriver une autre fois à commander, alors qu'on emporte toujours quelques compensations pécuniaires de sa chute, comme les ex-ministres qui touchent 6,000 francs par an le jour qu'ils quittent leurs harnais, n'eussent-ils été que huit jours ministres ?

La guerre civile a été un des plus frappants exemples de ce que j'avance ci-dessus ; en effet, dans toute autre nation que l'Espagne, on aurait déporté les prisonniers carlistes, fusillé les principaux chefs pris les armes à la main, pour s'être révoltés contre un gouvernement constitué, s'être rendus coupables de délits et crimes de droit commun ; mais dans la Péninsule Ibérique, tout se passe en famille, sachant bien que le vaincu d'aujourd'hui pourra être le vainqueur de demain ; aussi celui qui par la force arrive à dominer dit à celui qui est dominé et à qui la révolte n'a pas réussi : « Je ne te déporte pas, pour qu'un jour tu

« ne me]déportes pas ; je te laisse voler et ne t'en
« demande pas compte, pour qu'arrivé au pouvoir, tu
« agisses de même à mon égard ; je ne te fais pas fu-
« siller, malgré tes crimes avérés, pour qu'à ton tour
« tu me laisses la vie ; je te donne même la facilité
« d'abandonner et de trahir, avant le dernier mo-
« ment de la défaite, tes coreligionnaires politiques,
« reconnaissant tes grades et emplois, te donnant
« même un morceau de pain pour vivre (activité de
« service ou demi-solde), afin que tu uses des mêmes
« procédés à mon égard, quand du haut de l'échelle,
« j'en serai tombé plus bas que le dernier échelon. »

Dans un pronunciamento, ou révolte, en faveur
d'un général, contre un ministre ou un gouvernement, l'armée espagnole a toujours des bénéfices à
recueillir, alors que celui qui triomphe accorde un
an ou deux de Rebaja, ou diminution du service militaire, aux infortunés soldats, auxquels on ne peut
accorder autre chose ; quant à ceux qui sont gradés,
ils sont sûrs d'avoir un grade en plus ; joli moyen trouvé en Espagne pour encourager l'armée aux révoltes.

Infâme comédie, lâcheté inqualifiable, qui se jouent
contre ce bon peuple espagnol, qui paie les pots
cassés, rit, danse et se croit heureux ; voyant avec
une indifférence incroyable tout ce qui se passe autour de lui, pourvu qu'il lui reste un rayon de soleil,
une guitare, un morceau de morue ou une sardine
salée et deux *cuartos* (1) pour acheter un pot d'eau-
de-vie anisée et une cigarette.

(1) Six centimes et quart.

On a cru, en faisant des concessions aux sentiments religieux de la nation espagnole, arriver à de bons résultats, quant à la pacification du pays ; on a dérogé, à cet effet, à la loi du mariage civil, donnant à cette disposition un effet rétroactif ; on a demandé et obtenu de Rome un nonce qu'on a reçu royalement ; on a autorisé des manifestations publiques d'un caractère religieux ; on a consenti à faire l'énorme concession d'échanger les prisonniers carlistes, qu'on a bien voulu regarder comme prisonniers de guerre, alors que les troupes de don Carlos ne sont pas reconnues comme forces belligérantes ; toutes ces faveurs n'ont eu d'autre résultat que de donner plus d'audace aux insurgés, qui ont cru à la faiblesse du gouvernement qui les traitait avec tant d'égards.

Il est vrai que les troupes du gouvernement ont obtenu des succès, gagné des batailles, pris quelques forteresses, qui n'étaient pas fortifiées et qui n'avaient que deux ou trois canons d'ancien calibre dirigés par des paysans sans expérience ; on a bien détruit aussi quelques redoutes, pris un certain nombre de prisonniers, qu'on s'est empressé de bientôt rendre ; mais tout cela sans résultat important pour amener les carlistes à terminer la guerre ; d'où il faut conclure que les moyens employés n'ont pas été en rapport du but à obtenir ; on doit donc enfin arriver, et cela dans l'intérêt de l'humanité et pour arrêter la ruine qui augmente tous les jours, à se décider à faire sérieusement une guerre d'extermination, sans quartier, sans aucun respect pour les usages établis dans les nations civilisées, contre l'ennemi du genre humain, contre tous ceux qui directement ou indirectement favorisent et soutiennent l'insurrection carliste, ou mieux ultramontaine d'Europe.

Si tous les gouvernements qui se sont succédé en Espagne, depuis le premier cri poussé par l'insurrection carliste dans les montagnes de la Catalogne, eussent tenu en compte le véritable motif de la guerre, et surtout de la guerre civile, je n'aurais pas aujourd'hui à m'occuper du mal que celle-ci produit, et je ne mettrais pas en doute les incertitudes de l'avenir.

La guerre n'est pas et n'a pas été seulement une lutte d'hommes contre hommes, cherchant les moyens de rendre inutiles, mutuellement, sur les champs de bataille, les éléments de destruction qu'invente tous les jours l'industrie : c'est en même temps une opposition d'idées, d'intérêts et une occasion de se disputer la suprématie de l'un des deux combattants; pour ce motif, il n'y a pas eu un conquérant dans le monde qui n'ait eu la pensée de chercher la représentation d'une idée pour tirer son épée, comme il n'a pas existé de guerre sans qu'on ait omis de faire valoir les intérêts et les aspirations d'un parti, afin de s'appuyer sur un soutien des masses plus ou moins populaires.

Plus grandes ont été les causes qu'on a fait valoir pour faire une guerre, plus a été justifiée l'agression, et plus sûre a été la victoire; parce que, au-dessus de toutes les cabales et machinations, au-dessus de tous

les égoïsmes et intérêts mesquins, président la marche
de l'humanité et la loi constante de son perfection-
nement. Ce double caractère de la guerre politique
est celui que proclama Napoléon III devant le Corps
législatif au moment de la déclaration de guerre
franco-prussienne (1870); parce que c'est un effet qui
se trouve expliqué tous les jours dans les *tueries*
appelées guerres. Aussi, voyons-nous, à côté de tous
les conquérants, un homme politique; qu'eût fait
Grant sans Lincoln et de Moltke sans Bismarck ? La
personnalité de ces deux espèces de génies se fonde dans une incarnation représentant les mêmes
idées de résultats ayant pour mot d'ordre : abolition
de l'esclavage et liberté de conscience; mots sublimes qui ne pouvaient que conduire à la victoire et à
de grands résultats politiques ceux qui combattaient
pour amener à bien d'aussi sublimes aspirations pour
les peuples.

Qu'ont fait en Espagne les gouvernements pour
justifier la guerre devant l'opinion du monde, devant
l'histoire? Une vacillation éternelle, une déconfiance
permanente ont caractérisé les pas incertains des
gouvernants qui se sont succédé dans cette nation.
On a fait la guerre de soldat, mais on n'a pas fait la
guerre politique; aussi, on n'est arrivé à constituer
qu'une œuvre d'extermination et de désolation.

Au moins le carlisme s'inspire d'un idéal, se bat-
tant pour un soi-disant système d'organisation sociale,
et frappant aux portes des couvents et des châteaux
féodaux de notre siècle, invoquant le monde antique

contre le moderne; le libéralisme, suivant cet exemple, devrait frapper aux portes de ses frères, invoquant le génie de la liberté, de l'émancipation, du progrès, contre cette race fanatique de l'élément historique et traditionnel du *Syllabus*.

Tous les intérêts, toutes les aspirations et désirs que la révolution européenne a créés en ses variétés de partis, devraient courir après les infortunés soldats du gouvernement espagnol, dans cette lutte féroce de l'actuelle guerre civile carliste, en souffrant avec eux les fatigues de la guerre, célébrant avec eux les victoires et pleurant les désastres avec eux; confondant tout en la sublime inspiration d'extirper du sol de l'Ibérie les infâmes semences de l'Inquisition, pour féconder le germe de la démocratie moderne. Tout ce qu'un gouvernement fera pour obtenir de tels résultats en Espagne, ce sera faire la guerre politique, sans laquelle on ne pourra obtenir des lauriers, parce qu'on ne pourra être conduit aux succès par le Dieu des victoires.

L'Espagne, avec son ancienne division territoriale et par suite des tendances indépendantes de la royauté, renferme de grands éléments républicains; aussi, si en 1873, les hommes qui étaient au pouvoir avaient su comprendre les aspirations de leur pays, l'Ibérie serait encore République; mais, pour cela, il fallait promettre peu et tenir beaucoup; et, surtout, ne pas toucher aux croyances religieuses d'une nation aussi fanatique que les Espagnols, qui supporteront et souffriront tout, sauf la destruction de leurs églises, monastères et couvents!

Toutes les Républiques ne peuvent être fondées avec les mêmes éléments : l'instruction des peuples s'y refuse, à moins de bâtir sur le sable et de voir son œuvre disparaître au moindre souffle de discorde et à la moindre prétention d'un ambitieux.

La République espagnole n'aura de chances d'existence, que si elle a pour base l'élément catholique, autour duquel se rallieront franchement et sincèrement les masses de la nation, jusqu'à la complète émancipation de ce peuple arrivant, avec l'instruction obligatoire et populaire, complétement en dehors du clergé.

Cette brochure étant terminée vers la fin du mois de mai 1875, alors que j'étais encore prisonnier de guerre, je me mis en relation avec MM. les directeurs des journaux libéraux de Valence, *Las Provincias* et *El Mercantil,* pour la publication de mon travail dont l'opportunité était incontestable en ce moment-là en Espagne ; je crus devoir soumettre mon projet à M. le capitaine général, commandant la province de Valence ; mais, à ma grande surprise, cet officier n'approuva pas mon idée! Pourquoi ? Parce que cet officier supérieur, ayant fait la guerre de Sept-Ans comme officier carliste, était passé dans l'armée royale d'Espagne, avec son grade, après le traité de Bergara, et qu'il était resté profondément attaché au parti de don Carlos, malgré qu'il empoche sa solde d'officier général du gouvernement légal combattant l'insurrection carliste.

CHAPITRE XXIV

—

Provinces Vascongadas

Ce chapitre, bien qu'en dehors du cadre de cet ouvrage, doit cependant trouver place dans l'histoire de la guerre carliste, parce qu'il fait connaître le véritable mobile qui a fait des habitants des provinces basques de l'Espagne les plus fidèles et dévoués soutiens de la cause de don Carlos.

Vizcaye, Alava et Guipuzcoa, dont l'histoire se perd dans la nuit des temps, et dont même l'idiome diffère tant de celui du reste de l'Espagne, forment trois provinces liées entre elles par un lien indissoluble de communs intérêts, dont Bilbao est pour ainsi dire la capitale, étant la principale ville de ces contrées et le centre de son commerce d'échange par le golfe de Biscaïe.

Il serait nécessaire de faire un ouvrage de plus d'étendue pour raconter l'histoire complète des provinces vascongadas; je me bornerai simplement à donner une idée de ces peuplades, peu connues même dans la Péninsule Ibérique; détails que j'ai acquis par mes rapports avec les gens du pays, et de la lecture d'œuvres historiques, écrites par Victor-Louis de Gamindes, don Antonio Pruebas, et don Pedro de Salcedo.

Le territoire du petit État fédéré dont je parle se trouve enclavé au nord de l'Espagne, dans les montagnes et vallées que forme la chaîne des Pyrénées, dont Bayonne, Saint-Sébastien et Saint-Jean-de-Luz, sont la frontière française. Le pays, montagneux dans toute sa partie, a pour base une grande quantité de minerai de fer; les petites vallées enclavées dans ces hauteurs sont cultivées à force de pénibles travaux, alors que la croûte végétale de la terre est excessivement mince et offre peu de ressources à l'agriculture, ces contrées étant désolées par de fréquentes pluies et la rigueur d'un climat neigeux.

Dans cette triste partie de l'Espagne, sous un ciel ingrat et nébuleux, vit une population de près de 200,000 âmes (1) (province de Vizcaye); il n'y a pas de grandes agglomérations, chaque famille possédant une habitation enclavée dans la petite portion de terre qui forme l'avoir de chaque propriétaire. Les maisons sont de petites proportions et en rapport avec la nécessité et surtout les coutumes du peuple qui les habite; les familles vascongadas vivent dans ces habitations tranquilles et heureuses, respirant l'air de leurs chères montagnes, unies entre elles par l'amour du pays et leurs communes croyances en leur reli-

(1) Pour cette seule province ou département.

gion ; s'appuyant surtout sur la force que leur donne
leur vigoureuse Constitution, reflet des usages et coutumes d'un peuple pastoral, chez lequel chacun est
l'égal du roi d'Espagne.

Tous les gouvernements espagnols ont respecté les
priviléges, ou Fueros, des provinces vascongadas ;
dans cette contrée, les souverains d'Espagne n'en
sont pas les rois, mais seulement les seigneurs ;
n'ayant pas le droit de porter couronne en tête quand
ils rentrent sur ce territoire, et ou la députation de
ces fiers montagnards dit au roi, à son avénement au
trône des Espagnes :

« Nous autres, dont l'un de nous vaut autant que
« vous, et dont tous réunis valons plus que vous,
« nous vous reconnaîtrons pour notre seigneur, si
« vous consentez à nous prêter le serment de nous
« conserver nos franchises et nos libertés (Fueros) ».

Avant tout, je dirai que les enfants des provinces
ne paient d'autres impôts que celui dit territorial ;
qu'ils ne fournissent aucun soldat à la mère-patrie, à
moins d'une guerre avec une nation étrangère, seul
cas où les provinces peuvent fournir un contingent,
vêtu, armé, entretenu aux frais du petit Etat, et commandé par les officiers et sous-officiers des miquelets,
milice nationale ou garde urbaine permanente de la
petite République, chargée, en temps de paix, de
l'ordre public et du respect des lois.

Les naturels de Vizcaye doivent, quand ils sont
appelés à prêter leurs forces pour la défense de l'Espagne, se rendre à leurs frais jusqu'à l'arbre appelé

Malato, qui se trouve à Lujaondo, village situé à la limite de la province; passé ce point, on est obligé de leur payer une solde de deux mois, et s'ils viennent à passer cette limite, on doit leur payer trois mois de solde; et encore ce service, comme l'observe le très illustre historien de Gamindes, n'est pas obligatoire, et ne peut être demandé par le seigneur de Vizcaye (roi d'Espagne), qu'en suivant la règle établie en 1552, par Philippe II d'Espagne.

Le contingent militaire de Vizcaye est un **auxiliaire** volontaire dont l'urgence est soumise à l'approbation de ce peuple, et dont le service doit être payé à l'égal d'une légion étrangère.

Il est bon de savoir que d'autres contrées de l'Espagne jouissaient des mêmes priviléges et droits que ceux conservés en Vizcaye, mais ces libertés furent enlevées, par Philippe II et Philippe V d'Espagne, aux provinces de la Catalogne, Valence et Aragon, dont les habitants furent assez faibles pour ne pas savoir assez les défendre et conserver.

En Vizcaye, le père, comme chef naturel de chaque famille, tient le droit pendant sa vie, comme *in articulo mortis,* de disposer de tous ses biens en faveur d'un de ses fils, en réservant cependant une petite portion de sa fortune à ses autres enfants ou descendants légitimes; faculté extraordinaire, mais que je trouve très rationnelle, qui laisse un père arbitre du sort de ses enfants, lui donnant ainsi le droit de punir ceux qui ont tenu une mauvaise conduite à son égard; suprématie reconnue ni civilement ni politiquement,

et qui ne doit son effet qu'à un caractère essentiellement conservateur et profondément respectueux en
faveur du chef de la famille.

Tous les citoyens de Vizcaye sont fils de seigneurs,
et jouissent de tous les priviléges de : *homes hijos d'al-*
go, homme fils de seigneur.

En Vizcaye, il est prohibé d'appliquer les tour-
ments qui depuis et durant longues années ont figu-
ré dans les lois pénales des nations dites civilisées ;
est aussi prohibée la prison pour dettes, qui a quelque chose de répugnant et en dehors des effets d'une
justice équitable. Les habitants des provinces vascongadas ne peuvent être jugés que par leurs propres
juges, et ne peuvent être arrêtés qu'en vertu d'un
mandat de juges compétents, alors qu'ils auront été
pris en flagrant délit ou pour crime grave ; l'inviola-
bilité du domicile est reconnue, et chaque chef de famille possède le droit de suffrage, sans limites ni res-
trictions d'aucune espèce, s'il n'est pas déchu de ses
droits de citoyen.

Vizcaye a un pouvoir législatif, les *juntas-gene-*
rales, qui se réunissent chaque année sous l'arbre
de Guernica, situé dans la petite ville de ce nom ; et
possède aussi un pouvoir exécutif nommé députation,
émanant de ces juntas ; la junte-générale décrète, et
la députation se charge d'accomplir les décrets de
celle-là. Au bout de deux ans une nouvelle junta est
nommée ; on élit une nouvelle députation, les citoyens
de l'ancienne cessent leur mission, on passe une ré-
vision de leurs actes, et si leur conduite est approu-

vée, ils prennent le titre de Padres de las provincias, et comme tels, tiennent le droit d'initiative dans les juntas, sans avoir cependant celui de voter.

L'habitant de Vizcaye, pour être représentant aux juntas, doit être fils de cette illustre race, et posséder légalement sa nationalité, d'après les règles usitées dans ce pays, être âgé de 25 ans, résider dans la province, y posséder une maison et y être propriétaire d'une rente d'au moins 50 ducats (137 fr.); cette propriété doit être la succession légale, descendant de ses ancêtres, acquise par acte public enregistré, ou par dot politique (légitime) de son épouse.

Nul ne peut être député aux juntas, s'il touche une paie ou une pension du gouvernement espagnol, ou s'il est dans le cas de toute autre incapacité prévue par les lois.

Les confédérés se réunissent au son des cloches pour nommer les représentants à qui ils confient leurs pouvoirs, et auxquels ils donnent leurs instructions pour qu'ils puissent être avec plus de facilité les interprètes des intérêts de leurs mandataires. Le temps que doivent durer les juntas n'est pas fixé; la dernière réunion se consacre spécialement à l'élection du nouveau gouvernement, qui se compose de douze régisseurs, six syndics, six secrétaires de juntas, deux avocats consultants et un secrétaire du gouvernement. La charge des premiers consultants et celle du secrétaire du gouvernement sont inamovibles.

Toutes les discussions des juntas générales, du pouvoir exécutif, de même que tous les actes du gouvernement, sont publiés et affichés dans les principales localités.

Vizcaye, en un mot, est indépendante du reste de la Péninsule Ibérique, quant à son organisation intérieure; c'est un Etat allié de l'Espagne, par pacte et annexion volontaires, consentis en 1200; cette indépendance est telle, qu'en 1795, Vizcaye passa une convention de paix et de neutralité avec Moncey, général de la République française.

Dans les provinces, les juntas générales délibèrent et accordent, et la députation gouverne avec l'aide des municipalités, qui sont la dernière roue de ce système patriarcal; enfin l'administration de l'Etat, en pouvoir central, est représentée par un gouverneur civil et un administrateur économique.

Dans la province de Vizcaye, on ne paie ni contribution mobilière ni immobilière, ni impôt industriel et de commerce, ni contributions de tabacs, ni de papier timbré, ni contributions indirectes et ni droits d'octroi. Voici approximativement les uniques droits que les valeureux montagnards de la province vascongada paient au service public:

Contribution de chemins et défense de l'indépendance nationale, culte et clergé, formant un total de 2,700,000 réaux, soit 675,000 fr.

Si, à l'égal des autres provinces de l'Espagne, la province de Vizcaye venait à payer l'impôt qui correspond à sa population et à son territoire, cette province aurait à payer, sans que la position du pays fût améliorée, 16,885,500 réaux, ainsi répartis:

Impôt territorial	5,600,000	réaux.
Pour subsides.	1,064,000	id.
Pour octrois.	2,137,500	id.
Tabacs.	3,990,000	id.
Papiers timbrés.	1,710,000	id.
Impôt sur le sel.	712,000	id.
Cédules ou passe-ports intér. .	1,475,000	id.
TOTAL.	16,688,500	réaux.

Ce qui donne un bénéfice de 14,185,500 réaux, à peu près, en faveur de la province de Vizcaye, alors qu'elle ne paie que 2,700,000 réaux.

Les lois et coutumes du peuple vascongado, qui ont régi antiquement ces peuplades, ont été réduites et écrites en 1526 en un Code que l'on conserve comme un dépôt sacré, et donne à ce pays une organisation distincte du restant de la Péninsule, et qui, dans bien des occasions, pourrait servir de point de départ aux élucubrations des utopistes, qui ne sont jamais contents du gouvernement sous lequel ils vivent, et qu'ils voudraient changer, à force de sang et de désolation, pour satisfaire leur personnelle ambition.

De tout ce qui précède, on pourrait arriver à conclure que les libertés publiques ne s'acquièrent pas par de sanglantes révolutions, ni ne se conservent point par un Code qui critique telle ou telle école, destinées à disparaître au premier mouvement d'une nouvelle commotion politique.

Les libertés des nations s'acquièrent peu à peu,

7

alors que les peuples se rendent dignes d'elles par les vertus civiques; quand elles ne sont pas un péril dans leurs mains, ni une menace constante à la tranquillité de la majorité, leur forme doit être simplement l'expression tranquille de l'aspiration commune d'un peuple qui doit toujours conserver dans le sanctuaire de son âme la précieuse conquête de ces libertés, symbole et à la fois garantie de ses droits inhérents à sa propre personnalité. Droits admirables, principes vigoureux, respectés par la famille comme par la société, et d'où sont sorties les libertés publiques de Vizcaye, qui ont eu pour résultat cependant les erreurs dans lesquelles sont tombées d'autres nations, pour arriver à des réformes sans être munies d'un régulateur qui enraye les exactions commises en haut lieu, et ouvrent la porte aux ambitieux, peu désireux de la tranquillité et du bien-être de leur patrie, sacrifiant tout pour rester au pouvoir.

Il y a peu de temps, un écrivain espagnol, don Ricardo Peris Mercier, désireux de plaire au nouveau gouvernement de l'Espagne, a prétendu qu'il n'y avait pas de raison pour que les provinces vascongadas continuassent à jouir des droits et priviléges qui en font un peuple si heureux, au milieu des lois si absurdes aujourd'hui, si inquisitoriales, qui règnent sur les autres provinces de l'Espagne.

L'écrivain dont je parle a fait valoir contre les libertés de Vizcaye, les guerres civiles qui sont venues à différentes époques ensanglanter ces contrées, toutes les fois que quelque roi d'Espagne, mal conseillé, a cherché à revenir sur le serment qu'il avait donné de respecter les Fueros vascongadas.

Je ferai observer que si les montagnards de Vizcaye se sont soulevés quand on a voulu toucher à leur antique Constitution, manquer à la foi du serment juré, détruire leur indépendance, ils ont été parfaitement dans leur droit, alors que, n'ayant pas été conquis, ils n'ont consenti à s'annexer à la couronne d'Espagne, quand ils pouvaient se donner à une autre nation, qu'à la condition *sine qua non* de conserver les us, coutumes, droits et libertés de leurs pères.

Quoi qu'on en dise, les habitants des provinces vascongadas ne sont pas autant carlistes qu'on a bien voulu le répéter; peuple essentiellement catholique, sans instruction, vivant peu en dehors de leurs montagnes, ayant une confiance poussée jusqu'au fanatisme en leurs prêtres; prêts à tout sacrifier pour conserver les priviléges légués par leurs ancêtres; femmes, enfants, hommes mûrs et vieillards, concourront toujours à se déclarer en révolte contre celui qui cherchera à toucher à cette arche vénérée de leurs Fueros; c'est là, il faut bien le reconnaître, le vrai mobile, la raison prédominante, qui a attaché les montagnards basques espagnols à la cause du prétendant don Carlos, dit le VII°; alors surtout que les gouvernements qui se sont succédé en Espagne, depuis la déchéance d'Isabelle II jusqu'à celle du douzième Alphonse, ont tous témoigné le désir d'assimiler les provinces vascongadas aux lois des autres provinces de la Péninsule.

Quand Amédée, trompé par des courtisans, s'embarqua pour l'Espagne, le signal de la guerre carliste était donné moralement. Don Carlos n'a fait que s'emparer d'une question d'autonomie pour servir ses projets.

Pendant quatre ans, avec une énergie inouïe, les Basques ont combattu contre toutes les armées d'Espagne : un million d'habitants se défendant contre quatorze millions, l'armée carliste arrivant jusqu'à quelques lieues de Madrid. Pendant quatre ans, les grands généraux du gouvernement espagnol n'ont pas trouvé une tactique à opposer à la guerre de guerrilas carliste, et si Lassaraga, dans le Centre, n'avait pas commis faute sur faute, don Carlos serait peut-être entré à Madrid ; son règne eût été éphémère, par suite de ses idées gouvernementales, mais son initiative eût été un des plus curieux exemples de la constance de cette race des Bourbons qui s'en va.

Villahermosa
27 Octobre 1874.

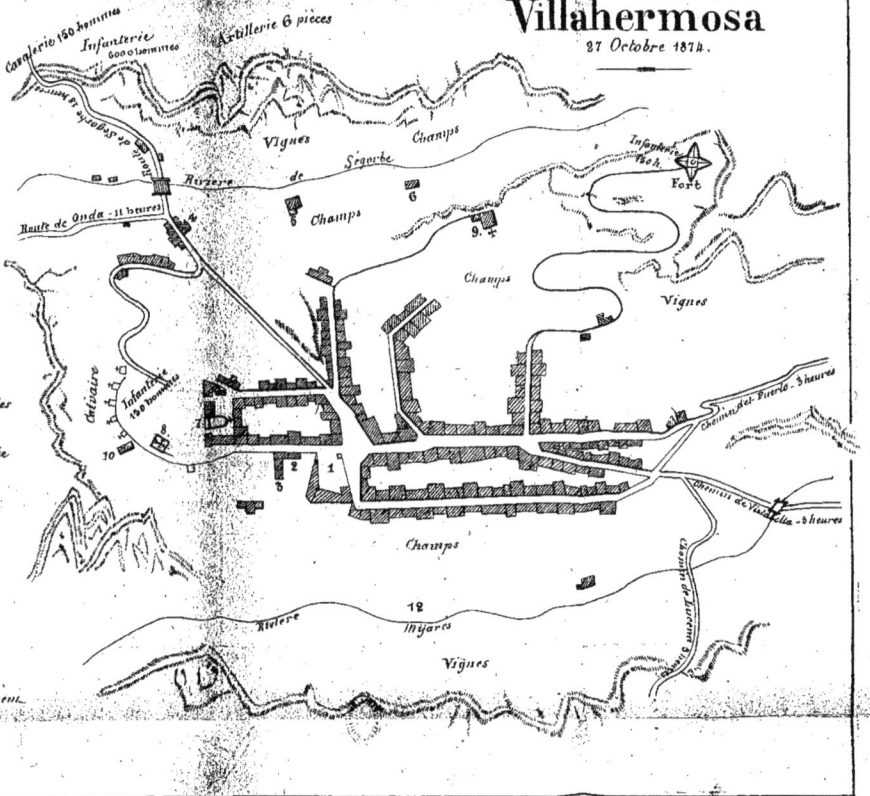

Cavalerie 150 hommes

Infanterie 5000 hommes

Artillerie 6 pièces

Vignes

Champs

Rivière   de   Segorbe

Insurgés Fort

Champs

Route de Onda - 11 heures

Champs

9.

Champs

Vignes

Calvaire

Infanterie 130 hommes

Chemin del Pirulo - 3 heures

10

8

2   1
3

Chemin de Lucena

Chemin de Vinorella - 3 heures

Champs

12

Rivière   Mijares

Vignes

Légende

1 Fonderie de projectiles
2 Atelier de pyrotechnie
3 Atelier de charpenterie
4 Atelier de Cartouches
5 Fonderie
6 Moulin à poudre
7 Église
8 Cimetière.
9 Ermite St Antoine
10 Poudrière
11 Rivière de Segorbe.
12 Rivière Mijares.
   Forces du gouvernement.
   Forces Carlistes.

Dressée par de Volgéres

Imp. F. Carré, à Dijon

POST-SCRIPTUM

———

Conseils de guerre du gouvernement constitué espagnol. — Les conseils de guerre sont formés, en Espagne, de six capitaines et d'un officier supérieur, pour soldats, caporaux et sous-officiers; et de six officiers supérieurs et d'un général pour MM. les officiers.

Autant que possible, les conseils de guerre sont composés par des officiers appartenant au bataillon ou escadron de l'inculpé, pour soldats, caporaux et sergents.

Les conseils de guerre ne sont publics que pour MM. les officiers, depuis le grade de sous-lieutenant jusqu'au général. Il n'est pas rare, en Espagne, de voir un accusé rester 15 à 18 mois en prévention.

Le fiscal, ou capitaine instructeur, est un fonctionnaire à deux fins; c'est lui qui, après avoir instruit un procès, vient plaider devant le conseil de guerre contre le prévenu, et demande la peine, et non l'application de l'article de la loi, qui doit être infligée au délinquant.

L'officier fiscal d'aujourd'hui devient demain défenseur d'une autre cause, sans que l'accusé puisse choisir son conseil ailleurs que parmi les quatre à cinq défenseurs que lui désigne l'autorité militaire.

Le fiscal n'est pas un officier de la justice militaire, pouvant se faire une carrière dans cette administration, par suite de ses aptitudes et études de la législation; c'est un capitaine, commandant ou lieutenant-colonel, pris au hasard, remplissant les fonctions de juge instructeur et de défenseur, pendant un temps qui n'a pas de durée, et qui, d'un moment à l'autre, est appelé à rejoindre son régiment pour y reprendre son service.

Etant condamné, le conseil ne vous fait pas connaître sa décision, que vous ne savez qu'un mois après l'arrêt rendu; ce dernier devient alors définitif si M. le capitaine général (général de division) approuve la condamnation, pour soldats, caporaux et sous-officiers; quant à MM. les officiers, la condamnation doit être soumise au conseil suprême, à Madrid.

Avec de l'argent, on obtient très facilement de sortir de prison sur caution, même pour crime; mais alors, le procès n'a plus de terme, et votre argent reste indéfiniment entre les mains de l'autorité.

Les lois et décrets ci-dessus sont très avantageux

pour ceux qui commandent, mais peu justes pour les classes inférieures de l'armée.

Citation pénale militaire. — ARTICLE PREMIER. — Le militaire qui blasphème le saint nom de Dieu, de la très bonne Vierge et des saints, sera immédiatement arrêté et puni, pour la première fois, en lui plaçant, quatre heures par jour, et pendant huit jours, un bâillon dans la bouche; et s'il y a récidive pour la même faute, le délinquant aura la langue traversée par un fer rouge, et sera ensuite envoyé dans un régiment de discipline.

ART. 2. — Celui qui aura l'habitude de jurer sera puni de trois jours de prison ; mais, s'il y a récidive, on placera une mordaza (bâillon), dans sa bouche, et il restera dans cet état plus ou moins de temps en prison.

ART. 3. — Celui qui aura volé calice, patène, Saint-Sacrement ou tout autre vase sacré, sera ahorcado (étranglé), et son corps sera ensuite brûlé.

ART. 4. — Celui qui, avec irrévérence, aura outragé des sacrées images, ornements dédiés au divin culte, sera étranglé.

ART. 5. — Celui qui maltraitera, avec arme à feu, branche, bâton, pierre ou avec les mains, les prêtres, religieux ou tout autre ministre de Dieu ayant reçu les ordres sacrés et étant en costume ecclésiastique, aura la main droite coupée.

Art. 10. — Tous soldats et caporaux qui, en dehors du service, n'obéiront pas aux sergents de leur
régiment, seront punis avec baguettes ou baston-
nade.

Voilà les gentilles lois créées et mises en vigueur
par les Bourbons d'Espagne, auxquelles a heureusement dérogé la loi du 16 septembre 1873, mais qui
reviendraient le jour où M. Carlos, le Prétendant actuel,
arriverait au pouvoir; car, dans les rangs de l'armée
carliste, on punit sévèrement les officiers qui ont des
maîtresses, passent la nuit à jouer, jurent, ne vont
pas à la messe, et tous les soirs au chapelet; quant
aux simples soldats, ils ne reçoivent que des coups
de bâton sur la place publique.

Composition des régiments et avancements. — Dans
l'armée régulière espagnole, les régiments d'infanterie se composent de deux bataillons, divisés
en huit compagnies chacun, fortes d'environ cent
cinquante hommes en temps de guerre. Une compagnie compte deux sous-lieutenants, deux lieutenants
et un capitaine. Chaque bataillon est commandé par
un colonel ou lieutenant-colonel, comme premier
chef; il y a en outre trois commandants par chaque
bataillon, dont l'un est second commandant du bataillon, l'autre est commandant fiscal, chargé de l'instruction des délits et crimes, et le troisième commande le dépôt; il se trouve encore un capitaine
adjudant-major par bataillon, un capitaine-trésorier,

un officier *abanderado* (porte-drapeau), chargé du casernement, bons, logements, etc., et un médecin ainsi qu'un aumônier.

Tout l'avancement a lieu à l'ancienneté, sauf le cas d'action de guerre ou par suite d'un pronunciamento, et cela depuis le grade le plus infime jusqu'à celui de capitaine-général, système donnant de tristes résultats, alors que Messieurs les officiers n'ont aucune émulation pour les exciter à s'instruire.

Il n'est pas rare, en Espagne, de voir un lieutenant d'artillerie, du génie ou d'état-major portant les galons de colonel d'infanterie, et que l'on intitule ainsi : colonel gradué d'infanterie, lieutenant d'artillerie; par suite du même système, l'on voit un lieutenant d'infanterie ou un capitaine avec des galons de commandant ou de lieutenant-colonel, et un sergent dans les rangs de sa compagnie, portant les insignes de sous-lieutenant, sauf l'étoile.

Les examens pour l'Académie des Cadets, école militaire, sont peu sévères et roulent (1874) sur la grammaire castillane, éléments de géographie, histoire d'Espagne et notions générales, les quatre règles suivies du système métrique.

L'amour de la gloire est tel que, sur une levée de 100,000 hommes, l'on compte 18,000 exonérés et 15,000 déserteurs ou insoumis, vivant tranquillement dans leur patrie.

L'Espagne a été longtemps la première puissance coloniale du monde, mais à partir de l'année 1809, on peut dire que la décadence de cette nation a commencé avec la perte de la presque totalité de ses colonies sur le continent américain ; ne possédant plus aujourd'hui : en Asie, que les îles Philippines, Bissayes, Marianes ; en Afrique, les îles Canaries, et quelques places fortes situées sur la rive nord-ouest, Prisidios, où sont détenus les criminels ; enfin des îlots sur la côte de Guinée, entre autres Annobon ; en Amérique, Cuba, Porto-Rico et autres îles de moindre importance.

De toutes ces possessions, Cuba est devenue la plus importante, et ce serait un grand désastre pour les Espagnols que la perte de cette colonie.

Quant à l'Espagne proprement dite, peuplée de 14,000,000 d'habitants, elle possède un sol des plus fertiles, et avec tout autre peuple, ce serait l'Etat le plus prospère ; le numéraire n'y manque pas, par suite surtout de l'usage consacré de ne pas refondre les anciennes monnaies, car on se sert encore de fractions de centimes remontant à l'occupation des Maures.

Un tiers de l'Espagne ne peut être avantageusement cultivé faute de routes et de chemins de fer (1), et par suite surtout du sol montagneux, aride et rocheux ; un autre tiers ne rend presque rien, manquant de bras (la Péninsule Ibérique pouvant contenir plus de vingt millions d'habitants) et de culture bien entendue ; les riches propriétaires, grands

---

(1) Grande faute dans un pays où la guerre civile existe à l'état chronique.

seigneurs, s'en rapportant à l'intendant, *Mayordomo,* le maître vivant peu en Espagne, ne s'occupant qu'à retirer des revenus, sans apporter les améliorations nécessaires, et faute de la pratique des nouvelles machines agricoles.

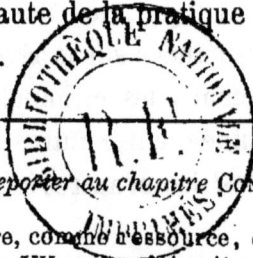

Note à reporter au chapitre CONTRIBUTIONS

Il y avait encore, comme ressource, des timbres-poste à l'effigie de Charles VII, qu'on laissait vendre publiquement dans les villes frontière française, les bons du gouvernement royal, colportés en Europe par des sommités légitimistes, et enfin les actions ou titres hypothécaires des mines de Biscaye (devant être exploitées.

Dijon, imp. F. Carré, rue Amiral-Roussin.

www.ingramcontent.com/pod-product-compliance
Lightning Source LLC
Chambersburg PA
CBHW060603100426
42744CB00008B/1288